知的障害者と「わかりやすい選挙」

新しい権利保障としての「狛江モデル」構築の軌跡

堀川諭 Horikawa Satoshi［著］

まえがき

本書のテーマは知的障害者の投票支援である。ただ、これは知的障害者の話にとどまらない。なぜなら、知的障害者の投票について考えることは、障害の有無にかかわらず、「みんなにとっての投票」を考えることにつながるはずだからである。こうした観点には本書のなかでたびたび触れることになる。

日本の選挙で投票率の低さが指摘されるようになって久しい。低投票率の背景にはさまざまな理由があるだろうが、私は選挙というイベントの「ハードルの高さ」と、投票の判断材料となる情報の分かりづらさに問題意識を抱いてきた。静まり返った慣れない投票所は緊張感をもたらし、意図せず投票ルールから逸脱した振る舞いをしてしまえば、その場からつまみ出されるのではないかという居心地の悪さを私は覚える。書き損じても構わないから一刻も早く投票を終えて立ち去りたい。投票に対するそのような苦手意識が私にはある。

一方で、これまで私はわりと新聞やテレビが報じる時事ニュースに触れてきたほうだと思うが、それでも政治や政策の話は難しいと感じる。医療、年金、防災、防衛、外交など、それぞれのテーマの議論になんとかついていけたとしても、政党ごとの立場を整理して比較し、どの考え方に一番賛同できるか、自分ひとりで検討を深めることは簡単なことではない。さらに、選挙の際に、ある政党を政策ベースで投票先に選ぶとすれば、多くの政党が掲げるさまざまな公約をテーマごとに比べたうえで、自分にとっての政策の優先順位を決め、優先度の高い政策の公約を重視しながら各政党を総合評価していく、ということになるのだろうか。だとすると、手間は大幅に増え、求められる判断の水準は格段に上がる。私としてはそのようなハードルを自力で乗り越える自信はない。選挙の際に届く選挙公報に関して言えば、各立候補者のスペースには多岐にわたる公約やプロフィールが書き込まれ、ほとんどすし詰め状態である。立候補者としては有権者に少しでも多くの情報を届けようと思うのだろうし、その気持ちは理解できるが、選挙公約を受け取った有権者の側からすると、各立候補者の特徴をつかみやすい形で情報がきれいに提示されているとは言い難いだろう。マスメディアの報道を含め、投票を取り巻く情報環境には課題が多い。

かく言う私はかつてマスメディアの記者としてニュースを人々に届ける側にいた。キャリアの後半は海外に駐在し、国際政治や外国の社会問題について記事を書いていたが、「多くの日本人にとって縁遠く複雑な背景を持つ硬派なニュース記事を読んでもらえるだろうか」、また、「どのように書けば理解してもらえるだろうか」という悩みが日に日に大きくなっていった。当時、情報は求めている人に届いてこそ価値を持ち、さらに、その情報も利用してもらえればもらえるほど価値が高まる、というふうに感じていたし、今も概ねそのように思う。情報の届け方には工夫が必要である。

記者としての最後の任地となったドイツで、知的障害者の意思決定支援の取り組みに触れる機会があった。そこでは投票も重要なテーマのひとつになっていた。このことは本書の第3章で触れる。この取材を通じて感じたことは、「情報の難しさの壁」は健常者よりも知的障害者にとってより高くそびえており、知的障害者が置かれている状況はより深刻であるということ、ただ、知的障害者への情報の提示の仕方や関わり方を工夫するだけで投票を含めた当事者の社会参加は大きく進展するということである。では、知的障害者の投票支援について、日本における取り組みはどうなっているのだろうか。そうした関心から接点が生まれたのが、本書で中心的に取り上げる東京都狛江市である。狛江市での調査では、取り組みに関わった人たちの思いや試行錯誤、また、当事者の声を丹念に聴き取ることを心がけた。狛江市の取り組みはスタートからすでに一〇年を超え、近年、他の自治体にも知的障害者向け投票支援の活動は広がりつつある。このことを心強く思う。知的障害者にとって分かりやすい情報を増やし、投票しやすい環境を整えることは、障害の有無にかかわらず、多くの有権者に利益をもたらすであろう。こうした確信めいた視点が本書を貫いている。

本書では知的障害者向けの投票支援を権利保障のひとつと位置付けて考えていく。そのうえで、狛江市における先進的な知的障害者向け投票支援の取り組みが、情報保障を含めた障害者の権利保障についての従来の考え方をどのように拡張し得るか検討することを目的とする。障害者の権利保障においては住まいや就労といった日常生活に直結した課題への対応が優先されてきたが、狛江市ではこれらに劣らない社会参加の主要な要素として投票を位置付けてきたことを結論として示す。また、情報保障の分野において選挙公約を扱うことの特殊性に着目しながら、狛江市の事例の詳細な記録・分析を通じて自治体レベルの実践的な投票支援モデルを描き出す。

第1部序章から第3章までは障害者の権利保障としての投票支援を考える。障害者の権利保障の歴史において知的障害者の参政権支援が特に不十分だったこと、また、投票能力をめぐる社会一般の認識が知的障害者にとって壁になってきたことを、公民権運動やフェミニズム運動との対比や日本の選挙制度の変遷を整理しながら確認する。諸外国における投票制度や選挙情報の提供方法も概観し、知的障害者への投票支援のカギも探る。

第2部は狛江市の取り組みに焦点を当てる。ここではインタビューを主な調査方法とし、投票支援の主催者側や保護者、当事者らから幅広く話を聴き取った。まず第4章では狛江市における投票支援開始の経緯を整理し、意思決定支援や社会参加の促進という動機の存在を指摘する。第5章では狛江市が参考にした知的障害児・者施設、滝乃川学園の投票支援を取り上げ、その当初の問題意識を中心に、国内における知的障害者向け投票支援のルーツを辿る。第6、7章では重度知的障害者の投票を扱う。保護者や支援者の見解を明らかにしつつ、投票能力を問うことの是非や社会参加としての投票の意義について検討する。第8章は軽度知的障害者の政治意識や投票行動についての聴き取り結果を示し、投票支援に対する当事者の評価も考察する。第9章では投票支援として当事者に提供している公約情報の分析などから、「狛江モデル」とも言える分かりやすい選挙情報提供の特徴を確認する。第10章では取り組みを主導してきた市役所幹部職員の聴き取りをもとに「選挙情報のバリアフリー」の展望を描き出す。最終章の第11章は狛江市の取り組みがユニバーサルな分かりやすい選挙に貢献する可能性にも言及しながら学術的及び実践的意義を述べ、今後の課題を整理して終える。

知的障害者と「わかりやすい選挙」

——新しい権利保障としての「狛江モデル」構築の軌跡

目　次

第1章

権利獲得運動の歴史と選挙権

第2章

日本における障害者の選挙権行使をめぐるこれまでの課題

第3章　海外の状況

第2部　先進地・狛江市の実践から考える

第4章　狛江市における投票支援の経緯

第5章 日本の投票支援のルーツ

第6章 重度知的障害者の投票

第7章

重度知的障害者の投票、親の聴き取りから考える

第8章

軽度知的障害者の投票

第9章 選挙情報の分かりやすさとは

第10章 自治体側の評価

第11章　結論

第1部　障害者の権利保障としての投票支援を考える

序章

本書の目的と先行研究・実践の概観

0-0　本章の目的

本章の目的は本研究の目的と意義を示すとともに、先行研究やこの分野におけるこれまでの実践を概観することにより、本研究の位置付けと視点を明確化することにある。

0-1　研究の目的

本研究では知的障害者向けの投票支援を権利保障のひとつとして位置付けたうえで、国内で現在行われている先進的な知的障害者向け投票支援の取り組みが、情報保障を含めた障害者の権利保障についての従来の考え方をどのように広げることになり得るか検討することを目的とする。

二一世紀の日本の未来を考えるうえで、障害のあるなしにかかわらずより多くの人が投票行動に参画できるようになることは、民主主義社会の成熟とインクルーシブ社会の構築にとって重要である。障害者権利条約第二九条は障害者の政治的権利とその平等な享受の保障を定めており、障害者基本法第二八条も国と地方自治体に障害者の円滑な投票のための措置を求めているが、日本社会の現状において知的障害者による選挙権の行使は大きな困難を伴っている。二〇一五年の国連サミットで採択され、国際社会が二〇三〇年までの達成を目指す「持続可能な開発目標（ＳＤＧｓ）」が「誰一人取り残さない」インクルーシブな社会の実現をうたっていることを踏まえても、知的障害者の政治参加を今、十分に検討することの意義は大きい。

本研究では、障害者の権利保障に関する議論や運動において参政権がこれまでどのように扱われてきたか、さらには、障害者の参政権が全般的に論じられるときに、さまざまな障害種別のなかでも知的障害者の参政権はどのような位置づけにあったか、また、より大きな文脈として、障害者を含むマイノリティの権利保障、権利獲得の歴史において選挙権がどのように取り扱われたのかなどをまず整理していく。それにより、「市民とは何か」、「有権者とは誰であるのか」という問いに対し、政治哲学や法学、主権者教育の議論にも触れながら、知的障害者の権利保障の観点からひとつの考え方を提示したい。そのうえで、知的障害者向け投票支援の先進事例を詳細に記録・分析することにより、知的障害者が投票することの積極的意義を探るとともに、選挙情報の分かりやすさを高める手法を中心に、実践的な支援のあり方のひとつのモデルとして検討していく。二〇二二年五月に施行された「障害者による情報の取得及び利用並びに意思疎通に係る施策の推進に関する法律」（いわゆる障害者情報アクセシビリティ・コミュニケーション施策推進法）は、全ての障害者が社会の一員としてあらゆる活動に参加するうえで、必要な情報を十分に取得し、利用できることが極めて重要であると指摘しており、衆議院の附帯決議は「選挙における情報アクセシビリティの改善」にも言及している。このことからも、知的障害者にとっての選挙情報の分かりやすさを追求することには今日的意義があると考える。

また、知的障害者にとって理解しやすく実践も容易な投票の環境整備は、一般市民にとっても今より分かりやすく参加しやすい投票という制度改善につながる可能性がある。本研究で得られた選挙情報の分かりやすさの考え方を若者向けの主権者教育の充実を含め、ユニバーサルな投票支援につなげることも視野に入れたい。

0-2 先行研究

0-2-1 権利保障（権利擁護）と投票支援

知的障害者に対する投票支援は、権利保障（権利擁護）の取り組みと位置づけることができる。なぜなら、まず、知的障害者にも投票する権利があるが、本人の力だけでは投票する権利を行使できない人もいる。その権利を行使できるよう、他の人がサポートする「投票支援」は、知的障害者の権利を守ることであり、つまりは権利擁護と言えるからである。そのような認識のもと、本研究では知的障害者向け投票支援を障害者の権利保障（権利擁護）のひとつとして捉えていく。そのため、まずはこれまで権利保障（権利擁護）をめぐって行われた議論を概観する。

権利保障（権利擁護）をめぐる国内の歴史を振り返ると、秋元美世（2015: 8）によれば、学術的に「権利擁護」に注目されだしたのは一九五〇年代あたりからで、そのほとんどが労働運動における労働者の権利を守るという文脈であった。「判断能力の不十分な人々または判断能力があっても従属的な立場におかれている人々の立場に立って、それらの人々の権利行使を擁護し、ニーズの実現を支援すること」といった意味で使われるようになるのは、「国連障害者の十年」が始まる一九八〇年代であり、本格的には一九九〇年代に入ってからであると、秋元は指摘している。

一九九〇年以降、入所型施設を中心に障害者や児童への権利侵害の事件が明らかになり、権利侵害からの救済や権利侵害防止という側面が強く打ち出されてきた経緯があると、高山（2009: 103）は述べている。また、その後の社会福祉基礎構造改革、介護保険制度、障害者自立支援法などの大きな制度改革に合わせる形で、権利擁護を中核とした制度や仕組みが誕生していった。

こうした流れのなかで、「障害者の権利の保障は、生存権、教育権、労働権といった社会権との関係で主として問題」（中村 2002: 7）になってきた側面が強い。ソーシャルワークにおいて、しばしば虐待防止や金銭管理支援、成年後見制度の利用支援、就労支援などが中心的テーマとして扱われることにも、権利擁護における重点の置かれ方がうかがえる。

その半面、障害者の権利擁護において、選挙権の保障には十分に目が向けられてこなかったことは否定できない。とりわけ知的障害者の参政権保障についての議論や取り組みは少ない。正井（2019）が知的障害者の利用が多い近畿圏の入所施設[1]を対象に二〇一七年の衆院議員選挙に合わせて行ったアンケート調査（返送数一七九施設、回収率五三・九％）によると、選挙の際に届けられる投票所入場券を一部の人にしか説明していない施設が五一・四％と過半数に達した。施設の現場において、投票支援が重視されていないことがここから読み取れるだろう。

権利擁護の文脈で障害者全般の参政権に着目した研究をここで確認しておく。井上英夫（2002: 14）は「障害をもつ人々の労働、教育、社会保障・福祉等の人権も、最も基底となる政治参加の権利＝参政権が保障されることによってこそ『完全』に実現されることになろう」と述べ、障害者の人権保障における参政権の重要性を指摘する。井上英夫を中心とした研究（井上英夫編著 1993; 井上英夫ほか編著 2011）では、点字投票や代理投票を含む参政権保障の歴史のほか、政見放送の手話通訳や選挙公報の点字・音声版といった情報保障の課題などが当事者の証言とともに記録され、主に憲法や国際法など法的観点から検討が加えられてきた。川崎（2006）など、障害者の参政権保障を目指した過去の訴訟の論点を整理した文献もある。

権利保障の観点からみた障害者の参政権行使をめぐる調査・研究においては、全般的にみて、視覚や聴覚、身体障害者にとっての参政権が中心的に論じられてきた傾向があり、知的障害関係は多くはない。知的障害者の選挙の実態について行われた数少ない研究例としては、矢嶋（1993）と大井ほか（2016）がそれぞれ当事者、保護者にアンケートを実施しているが、いずれも調査結果として、立候補者の実績や公約についての分かりやすい情報が不足しているという問題点を指摘している。

一方、知的障害者に対する投票支援に取り組んできた施設の記録は、一定程度残されている。滋賀県の知的障害者支援施設「あざみ寮」「もみじ寮」で一九八七年に始まった社会科学習の報告（橋本ほか1997）のほか、東京都国立市の知的障害児・者施設「滝乃川学園」が一九八一年に始めた「選挙のお話を聞く会」については河尾（1993）や柴田（2013）などの報告があり、個別の施設における投票支援がどの程度行われてきたかという実態はいくらか見えてきてはいる。しかし、自治体レベルでの知的障害者向け投票支援に関する詳細な実践報告や学術的研究はほとんど見られない。

なお、近年は「知的障害者と選挙」に関する研究として、主権者教育の観点からのアプローチが目立ち始めている。全国の国立大学法人附属の特別支援学校（知的障害を対象とする教育課程）に向けた和田と水内（2016）の調査の結果によると、特別支援学校における主権者教育では、選挙の仕組みなど大枠の理解や模擬投票に主眼が置かれており、そこからは、選挙争点などに関する具体的な情報の解説には踏み込まない傾向があることがうかがえる。

0-2-2　情報保障、情報の分かりやすさ

選挙においては幾重にも情報面のバリアが立ちはだかっている。選挙関連の情報の種類には、選挙

制度についての情報、政党や公約についての情報、投票の仕方に関する情報、選挙運動のルールに関する情報などさまざまある。知的障害者にとっての選挙を考える際、それらの情報が分かりやすく提示されることが不可欠である。ここでは、選挙からいったん離れて、情報の分かりやすさについての議論や実践がこれまでどのように行われてきたかをまとめていきたい。

田中邦夫（2004）によれば、「情報保障」という用語は一九七〇年代の前半に聴覚障害をもつ大学生の間で使われ始めていたもようで、その後も主に聴覚障害のある人への音声情報の文字化や、視覚障害のある人への点字やテキストデータの提供といった意味合いで使用されることが多い（打浪 2018: 48）。ただ、田中邦夫は情報保障について「そのままの形では情報を受けられない者に、何らかの方法で情報内容を伝えること」（田中邦夫 2004: 98）と、狭い意味で捉えた場合でもこのように定義しており、情報保障が想定する対象にはもちろん知的障害者も含まれているわけである。

打浪（古賀）（2017: 84）によれば、さまざまな情報やコミュニケーションを知的障害者にも利用しやすいようにしていこうという主張や具体的動きは、日本国内では二〇〇〇年前後から高まってきた。これに先立つ一九九〇年代半ばの状況について、岩本（2003: 218）は「当時、知的障害のある人への情報として配慮されたものは、限られたものしかありませんでした。テレビにラジオ、新聞、雑誌、インターネットと、多くの人がさまざまな情報源に恵まれ、そこから発せられる莫大な量の情報の取捨選択に苦労していることを考えると悲しくなるほどの少なさです[2]」と述べている。子どもニュースや中学生新聞のように、分かりやすく伝えている番組や新聞は当時もあったが、どれも想定している対象は子どもであり、より積極的に社会に関わろうとする大人の知的障害者にとっては違和感があるはずだという見方も示している。

書籍に関しても、同じような状況が続いてきた。藤澤（2009: 6-7）は「現在刊行されている本や雑誌、新聞のほとんどが、知的障害や自閉症の人たちを読者には入れていないのが現状です」、「知的障害や自閉症があっても、読書を楽しみ、情報を得ることは基本的な人権に関わって保障されるべき事柄です」と訴えている。こうした問題意識を背景に、藤澤らが主導して二〇〇〇年代から活発化してきたのがＬＬブックの出版である。これは、読むことが苦手な青年や成人を対象として分かりやすく書かれた本で、スウェーデンの先行例である「ＬＬブック」という名称とコンセプトをそのまま日本に持ち込み、認知されるようになった。すでに出版された日本語のＬＬブックとしては、物語や料理本のほか、グループホームでの暮らしや病院を受診する方法など、生活上の役立つハンドブック的なものもあり、テーマは多様になっている。

知的障害者にも理解しやすい文書やウェブサイト上の情報としては、障害者に関連した施策や法律の分かりやすい版が作成されてきている。厚生労働省の二〇一五年度障害者総合福祉推進事業での「知的障害者が制度を理解するための情報提供のあり方に関する研究」では、社会福祉法人大阪手をつなぐ育成会が障害者総合支援法及び障害者虐待防止法について、分かりやすいパンフレットを作成し、現在もインターネット上で閲覧することができる。近年では、医療機関の受診や検査についての分かりやすい情報がまとめられたり、妊娠・出産・子育ての際に助けとなる分かりやすい情報を盛り込んだ動画も作成されたりしている。

分かりやすい時事ニュースの媒体としては、一九九六年から二〇一四年まで年四回発行された新聞「ステージ」[3]がある。知的障害者の親たちが中心となって組織する「全日本手をつなぐ育成会」が発行元で、野沢（2006）によれば、文字情報がある程度理解できる軽度の知的障害者を購読者層としていた。

現在は、一般社団法人スローコミュニケーション（二〇一六年設立）が、ウェブサイトで、振り仮名付きの分かりやすい記事を音声とともに掲載している。一例として二〇二二年二月は東京都の「同性パートナーシップ制度」や北京冬季五輪のほか、障害者手帳をスマートフォンのアプリで提示できるようになったニュースなどを報じている。

知的障害者にとっての情報環境は全体として少しずつ改善に向かっているものの、選挙時の情報に限れば不足感が著しい。障害者向けの選挙情報全般としては、視覚障害者や聴覚障害者への配慮が先行してきたのが実態で、知的障害者を念頭に置いた取り組みの必要性が幅広く認識されることはなかった。

総務省（2018）によると、二〇一四年の衆院議員選挙時には、点字及び音声による候補者情報の配布が全都道府県で実現している。また、京都市では、市が実施する市長選及び市議会議員選挙の際に、候補者の顔写真や経歴、公約が掲載された選挙公報の点字・音声版[4]を発行し、希望する人や施設に送付している。点字・音声版はいずれも、文字の選挙公報の内容を割愛することなく、すべて盛り込んでおり、得られる情報に差が出ないようになっているという。国政選挙の政見放送に関しては、衆院選の比例区では放送局の設備の問題で字幕の付与が認められていないが、それ以外の選挙では政党や候補者にやろうという意思があれば、手話通訳も字幕も付けることができるようになっている（「朝日新聞」二〇二二年一一月十二日夕刊：「毎日新聞」二〇一九年七月一八日夕刊：大倉 2018 など）。

視覚障害者や聴覚障害者の団体からは一層の充実を求める声はあるが、国や自治体が視覚・聴覚障害者に対してはこれまで問題意識を持って中長期的に対応を取ってきたことは事実と言えよう。他方、知的障害者に対しては、行政の側で、選挙時における分かりやすい情報提供の手立てが大がかりに講じられてきた経緯はない。

政府発行の令和三年（二〇二一年）版障害者白書を見ても、障害者に対する選挙時の配慮においては、やはり視覚障害者や聴覚障害者に焦点が当てられてきた傾向がうかがえる。白書の第6章第2節「障害のある人の情報アクセシビリティを向上するための施策」には「国政選挙における配慮」についての記述があるが、ここでも、点字や音声による候補者情報などの提供、政見放送の手話通訳及び字幕付与についての説明が中心になっている。

マスメディアにおいては、二〇二二年の参院選に向けＮＨＫが「みんなの選挙」と銘打ち、さまざまな障害を持つ人々が投票しやすくなるよう投票支援に関する各地の活動を紹介したり、利用できる制度を説明したりしたほか、参議院の仕組みや投票方法などについて振り仮名付きの平易な言葉による解説記事を掲載した。ここには知的障害者にとって有益な情報もあるが、マスメディアによるこうした取り組みはまだまだ緒に就いたばかりである。また、福祉領域を中心にさまざまな事業を展開する株式会社ヘラルボニーは二〇二二年の参院選の時期に、スローコミュニケーション監修のもと、知的障害者が投票しやすくなるようにと、「やさしい投票ガイド」を公開した。ガイドには「字を読めなくてもＯＫ　あなたが投票したい人や政党の名前などを係の人が代わりに読んでくれます」などといった参考情報が振り仮名付きで書かれているが、それらの内容は混乱なくスムーズに投票できることを支援するための情報である。知的障害者にとっては、投票先を決めるうえで判断材料となる立候補者や政党の公約などの分かりやすい情報が依然として極めて少ないのが現状である。

0-2-3　投票能力

知的障害者の投票について考えていくうえで、「能力」の問題は避けられない。「権利保障（権利擁護）」、「情報保障」に続く先行研究の概要まとめの最後として、投票能力をめぐるさまざまな議論を整理しておきたい。

法学分野においては、「知的障害者に投票権を認めるべきか否か」について議論されてきた経緯があり、近年では二〇一三年の公職選挙法改正による成年被後見人の選挙権回復を契機にこのテーマが注目された。井上亜紀は選挙権の行使に一定の「能力」を必要とするというのが「従来の学説の状況」と説明している（井上亜紀 2014: 125）。次の二氏の見解は成年被後見人の選挙権が回復する以前に示されたものではあるが、まず奥平は「選挙という積極的能動的な政治参加（意思形成への参加）

においては、心神が正常であることをある程度前提にしているとみるべき」（奥平 1986: 116）と指摘し、辻村（1989: 21）も禁治産者[5]の欠格は意思決定能力の欠如という理由から正当化されると述べている[6]。

また、成年被後見人の選挙権回復につながった東京地裁判決（2013）も、選挙権は公務員を選定する一種の公務としての性格を併せ持つことに触れたうえで、「事理を弁識する能力を欠く者に選挙権を付与しないとすることは、立法目的として合理性を欠くものとはいえない」と述べている。つまり、能力を判断基準にして選挙権を制限することの合理性を認めている。

さらに、判決後の公職選挙法等改正に向けた参議院特別委員会の議論（二〇一三年五月二七日）においては、投票能力についての法案発議者側の見解がうかがえる。発議者のひとりである北側一雄衆院議員は以下のように発言している。

（筆者注：成年被後見人に一律に選挙権を回復させるのではなく、）選挙権を行使するに足る能力があるかどうか、それについてやはりきちんと（同：個別に）判断をすべきではないかというふうな意見がありました。与党内で議論をする過程の中で当然そういう議論もあったわけでございます（中略）与党内で議論の中でどうなったかといいますと、そもそも選挙権行使能力とは何なのかということについて、そもそも一義的にそれを定義づけするということがこれは容易ではないんではないかというのがまずあります。

さらに、仮にそういう定義をしたとしても、一体誰がどのような手続きで、そしていかなる基準で判断をしていくのかと（中略）コストの面でも手続きの時間の問題でも（中略）非常にこれは困難であるなというふうに判断を致したところでございます。したがって、現時点では一律に選挙権を回復することが適当であろうと（中略）

選挙権行使の能力がまったく欠けている方々については、現実に選挙ができない、事実上選挙権行使ができない、そういうことで十分今までも私は担保されているんだろうというふうにも思っているところでございまして。

この発言から、政府が制度の運用まで視野に入れると、「選挙権行使能力」の定義づけは困難になるが、議員の間に「あるべき投票能力」についての漠然としたイメージが、ある程度存在することは議論のプロセスからうかがえる。「選挙権行使の能力がまったく欠けている人は投票ができない」という発言も、投票には少なくとも最低限の「能力」は要求されるという認識の表れでもある。

一方、選挙権の歴史を振り返っても、能力という観点は重要な要素となってきた。戸波は欧州で貧困層・無産者層や女性に選挙権が与えられず、年齢制限も厳しかった時代には、「選挙権の制限の正当化理由として、『政治的判断能力に欠ける』という理由が持ち出されてきた」ことを指摘している（戸波 2013: 4）。

また、選挙権年齢の引き下げ議論においても、「能力」は重要な論点のひとつだった。井田（2003）

によれば、一九七一年に実施された世論調査で、一八歳選挙権に対して、五九％が反対、賛成は一八％にとどまったが、反対理由として最も多かったのが「一八歳では政治問題を判断する能力に欠けている」という考え方だった。井田は日本の選挙権年齢引き下げをめぐる過去の議論において、若年層の「社会的・政治的成熟」や「政治問題を判断する能力」が問われてきたことを説明し、「選挙権年齢引き下げ問題を論じるに当たっては、今日の若者の政治的成熟度に関する議論が必要なことはいうまでもない」（井田 2003: 150）と強調している。

主権者教育の分野においても、幅広い能力を身につけた有権者を育んでいこうという意識が鮮明である。主権者教育は近年、選挙権年齢の一八歳への引き下げ（二〇一六年施行）を契機に活発化しているが、文部科学省の「主権者教育の推進に関する検討チーム」中間まとめ（2016）は、主権者教育の目的として「単に政治の仕組みについて必要な知識を習得させるにとどまらず（中略）地域の課題解決を社会の構成員の一人として主体的に担うことができる力を身に付けさせる」と記しており、高い水準の能力の獲得を目指そうとしている。

主権者教育の高まりを受け、このところ、自治体の選挙管理委員会が学校に出向いて、選挙に関するクイズを生徒に出したり、架空の政党などを用いた模擬投票を体験させたりする取り組みが増えているが、小栗ほか（2018）は「これでは投票の質が十分に確保されない」と指摘する。技術としての投票行為の学習よりも、「市民性」や「社会形成力」の育成にこそ主眼を置くべきというのが小栗らの主張である。

特別支援学校（知的障害）における主権者教育については、菅野（2017）が「政治や選挙に関する法や制度を知識として学ぶだけでは十分ではなく」、生徒が自覚的かつ主体的に学ぶ必要性を強調している。主権者教育の重要性が広く認識され、その教育内容の議論が活性化してきたなかで、結果的に、有権者はこれまで以上に洗練された能力や思考、姿勢が求められるようになっている面もあるだろう。

政治学、政治哲学にも触れておきたい。これらの分野では伝統的に、合理的な判断力を有する理性的な人間を個人のモデルとして据えてきた。松田（2015）は、個々の選挙制度で市民に期待されている能力の分析を行っているが、第一の市民像として「善き市民」（good citizen）を紹介している。これはフランス革命時の「能動的市民」を起源のひとつとし、政治参加には政治や政策等への高度な精通が必要と考えるものである。この「善き市民」という市民像は、現在でも比例代表制の選挙において重要な規範的概念として見出されると指摘している。松田は比例代表制において、「市民は、自分たちの社会が如何なる問題に直面しているのかを理解し、それぞれの政党のスタンスを比較したうえで、どの政党の政策案がその問題の解決に寄与し得るのかを判断できなくてはならない」（松田 2015: 22）と述べている。

他方、政治哲学分野で理性的な市民像を問い直し、重度知的障害者らの包摂を目指そうという新たな正義の議論を行っているのがヌスバウムである。Nussbaum（2006=2012: 116, 157-158）は契約説において、知的な器質的損傷と障害のある人びとが「よく秩序づけられた社会」における市民の理想化された道徳的合理性のイメージに適合せず、もっとも深刻な仕方で市民権の資格を奪われていると問題視し、「平等な市民権」を承認する必要性を強調する。ただ、そんなヌスバウムでも、この著書に登場する重度の知的発達遅滞などのある女性の認知能力について「有意味な投票の可能性のレヴェルに達することが決してない」(Nussbaum 2006=2012: 216) と明言するのである。このあたりに、政治学や政治哲学が市民像を描く際の「譲れない一線」がうかがえる。

0-2-4 先行研究についての小括と考察

先行研究を改めて簡単にまとめると、障害者の権利保障に関しては、これまで虐待防止や金銭管理支援、就労支援など生活に身近な課題に目が向けられてきた傾向が強く、参政権の対応は後回しになってきたことがうかがえた。その参政権行使の支援においては、身体、視覚、聴覚の障害者が主たる対象になってきた経緯があり、知的障害者に対する支援は乏しい状態が続いてきた。本研究においては、数少ない知的障害者への投票支援の先進事例を分析することを通じて、支援の意義がどのように考えられているかという点にも迫っていく。

情報保障についてもやはりこれまで視覚障害者や聴覚障害者向けが中心で、知的障害者のための対応は大きく遅れを取っていたことが見えてきた。選挙情報においてもこの傾向は同様であり、知的障害者向けの投票支援は実践、研究両面において極めて不十分であったと言わざるを得ない。とりわけ投票先の判断材料となる分かりやすい立候補者や政党の情報不足は際立っている。

最後に、能力の問題である。認識に幅があるとはいえ、「有権者としてふさわしい能力」という考え方、またそれをめぐる議論が法学や政治哲学などの分野に存在していることを確認した。この議論は知的障害者の投票を考えていくうえで、克服あるいは整理していかなければならない。投票支援の先進事例を取り上げる第2部においては、能力をめぐる切り口でも検討を深めることにする。

ここで、投票能力をめぐる議論について踏まえるべき点を確認しておきたい。この議論は少なくとも三つの論点に整理して検討を進めることが必要であろう。まずは「投票能力とは何であり、能力のある人とない人の間に線を引くことが可能かどうか、また、線を引くことがそもそも妥当であるのかどうか」という問いである。本章でもすでに投票能力をめぐって、「意思決定能力」がその土台になるという見解がかつてあったことなどに触れたが、これ以外にも「政治的判断能力」、「政治的成熟度」、「市民性」、「善き市民」、「有意味な投票」という表現の存在を確認した。一般的な投票行為を思い浮かべたときに、そこには何事かを考え、投票所に出向き、投票用紙に記入し、投票箱に投函するという一連の思考や動作が存在するため、確かに投票が何らかの能力に関わる行いであることは否定しづらい。ただ、その「何らかの能力」が何を意味するのかを特定し、有権者が備えるべき条件として国民の幅広い同意を得ていくことができるかを考えると、話は急に込み入ってくる。「選挙権行使の能力がまったく欠けている方々については、現実に選挙ができない」という政治家の見解も本章で取り上げたが、欠けている「能力」が支援の充実によって補えるケースもあるだろう。そもそも、例えば、「政治的判断能力」とはいったいどのような能力を指しているのか。仮にそれが明らかになったとして、「政治的判断能力」を有している人と有していない人の区別をどのように行えるだろうか。区別の難しさもさることながら、区別を厳密に行うことが社会にもたらしかねないリスクこそより慎重に考慮しなければならなくなるかもしれない。いずれにしても、重要な論点である。

次の論点としては、「投票能力のない人」の投票を積極的に認めた場合、どのような不都合が生じるのかについて考える必要があるだろう。例えば、「政治的判断能力」に基づかない投票が数多く行われた結果、「国民（市民）の代表としてふさわしくない立候補者」が多数当選し、「国や自治体の課題に適切に対処できない政策」が議会で相次いで決定されるということが不都合な展開として想定できる。現状、日本では知的障害があっても満一八歳以上の国民は誰でも投票できるわけであるが、まずそのような条件下で生まれている政治状況をどう評価するかということは検討の価値があるかもしれない。政治の質を左右する要素はさまざまあるだろうが、知的障害者を含む一部の有権者の政治的判断能力不足が直接の原因となって深刻な政治混乱や政治の質の低下が起きているということはあるだろうか。また、今よりも多くの知的障害者が選挙権を行使した場合、政治の質が現状より低下するということは起き得るだろうか。このような可能性の大小を判断する際には、「政治的判断能力を欠いた人」を投票から排除することによるマイナスの影響も十分考え併せながら検討を進めることが重要であろう。

考えるべきもうひとつの論点としては、知的障害者の投票も積極的に認めることのプラスの作用である。障害のあるなしにかかわらず、「能力に劣る」人はいる。健常者であっても、なにがしかの物事を理解できず、なにがしかの機会を行使できないまま人知れず取り残されている人はいるだろう。知的障害者の投票を積極的に認めたうえで、投票する権利の行使に際してどのような困難に直面しているかを明らかにし、理解しやすい選挙情報の提供を含む支援を充実させていくことができれば、そこから利益を享受できる人は想定以上に多いはずである。また、われわれが本当にインクルーシブ社会を目指すのであれば、これまで取り残されてきた人の存在に気づくことが出発点になる。そのような意味で、知的障害者の投票支援は単に知的障害者を投票できるようにするだけでなく、社会全体がインクルーシブになろうとする道のりにおいて、新たな気づきや人間関係の構築といった副次的価値を生み出す可能性も有しているかもしれない。このようなことも検討に値すると考える。

0-3 本書の構成

本書は大きく第1部と第2部に分かれる。第1部は障害者の権利保障として投票支援を考える部分と位置づけ、すでに記した序章から第3章までで構成する。序章では障害者の権利保障において参政権保障が後回しになってきたこと、また、参政権行使の支援や情報保障において知的障害者向けの対応が不十分であったことを指摘した。また、投票においては「有権者としてふさわしい能力」という一般的な認識が存在し、知的障害者の投票を考えていくうえで検討課題となることを確認した。

第1章では、知的障害者に対する投票支援をマイノリティの権利獲得及び権利擁護の大きな歴史の流れのなかに位置付けたうえで、アフリカ系アメリカ人の公民権運動とフェミニズム運動を取り上げ、それらの運動のなかで参政権の問題がどのように現れてきたかについて、障害者運動における参政権の扱いとの違いも意識しつつ整理していく。

第2章では日本の選挙制度に焦点を当てる。選挙権に課された条件が徐々に緩和されていった歴史を確認しながら、制限の背景にあった「ふさわしい投票能力」の認識に迫る。また、選挙をめぐる現状については、公職選挙法などの制約により、知的障害者にとって分かりやすい情報が不足していることも確認する。

第3章では諸外国における投票制度や選挙情報提供の工夫を概観する。選挙情報に関しては、ドイツの先進事例を参与観察などをもとにまとめ、分かりやすい選挙情報を充実させるカギを探る。

続く第2部は第4章から第11章で構成し、知的障害者向け投票支援の国内の先進地である東京都狛江市の取り組みに焦点を当てる。第1部で見えてきた投票能力の問題や選挙情報の分かりやすさの特殊性を意識しつつ、狛江市で知的障害者向け投票支援の意義がどのように考えられ、実践されてきたかを詳しく追い、自治体単位での取り組みとしての「狛江モデル」を描き出す。

第4章では狛江市で投票支援が始まった経緯や直面した課題、その対応などを主催者の聴き取りをもとに整理する。意思決定支援や社会参加の促進といった意義が共有されていたことを確認していく。

第5章では狛江市の投票支援につながる先行事例である知的障害児・者施設、社会福祉法人滝乃川学園（東京都国立市）の取り組みを取り上げ、日本における初期の積極的な知的障害者向け投票支援がどのような経緯で着手されることになったのか、当時の職員らの聴き取りを通じ、動機や背景に迫る。生活改善や就労、投票といったさまざまな権利の擁護がそれぞれどのように認識されていたかを明らかにする。

第6章と第7章では、とりわけ投票が困難とみなされがちな重度知的障害者に焦点を当てる。第6章では重度知的障害者施設利用者の保護者及び施設スタッフに質問紙調査などを行い、政治や選挙の理解力という観点が重度知的障害者の投票に対する否定的見解につながり得ることを示す。第7章では重度知的障害者に対する投票支援の積極的意義づけの可能性を探るため、投票支援に前向きな重度知的障害者の母親の聴き取り調査を行った結果を示す。ここでは、投票能力を問うことの是非や社会参加としての投票、社会的包摂の意義が語られる。

第8章では軽度知的障害者の投票を扱う。軽度知的障害のある当事者への聴き取り調査を通じ、彼らの政治意識や投票行動を明らかにし、狛江市で行われている投票支援について考察する。聴き取りの結果としては、地域社会の課題に対する当事者の関心の高さや、狛江市の投票支援に対する肯定的な評価も示される。

第9章では「選挙情報の分かりやすさ」とは何かについて検討する。市議選時に作成された「わかりやすい選挙広報誌」の分析などを通じ、知的障害者にとっての選挙情報の分かりやすさが狛江市の取り組みにおいてどの程度実現されてきたかを見ていく。また、「当事者が知りたいこと」を探る主催者側の試みなどを確認することで、「狛江モデル」とも言える分かりやすい選挙情報の追求のあり方を確認する。

第10章では、狛江市の投票支援を主導してきた市役所幹部職員の聴き取り調査結果を示す。幹部職員の語りを通じ、社会参加における投票行為の持つ意味、民主主義のあるべき姿、「選挙情報のバリアフリー」の展望を描き出す。

最終章となる第11章は、ここまでの調査結果と議論を総括し、狛江市の取り組みから見える知的障害者向け投票支援の特徴をまとめ、ユニバーサルな分かりやすい選挙情報への貢献の可能性にも言及しつつ、学術的及び実践的意義を述べる。また、今後の課題を整理し、本書を終える。

第1章

権利獲得運動の歴史と選挙権

1－0　本章の目的

知的障害者に対する投票支援はマイノリティの権利獲得及び権利擁護の大きな歴史の流れのなかに位置付けて考えることができるだろう。本章ではまずアフリカ系アメリカ人の公民権運動とフェミニズム運動を取り上げ、それらの運動のなかで参政権の問題がどのように現れてきたかについて、障害者運動における参政権の扱いとの違いも意識しつつ整理する。公民権運動、フェミニズム運動に関しては、有権者の能力をめぐる問題や、社会貢献への「見返り」としての参政権付与といった「有権者としてのふさわしさ」をめぐる認識が表面化していたことを指摘する。

1-1 公民権運動における参政権

公民権運動は米最高裁判所が公立学校における人種分離教育を違憲とした「ブラウン裁判」と、公共交通機関での差別待遇に反対した「モントゴメリー・バス（乗車）ボイコット」に代表される一九五〇年代中葉を起点とし、公民権運動指導者マーティン・ルーサー・キング牧師暗殺とニクソン大統領当選に象徴される一九六八年を終点に語られることが多い（藤永 2012: 126）。ただ、ここではアフリカ系アメリカ人の参政権に着目する観点から、一八六五年の南北戦争終結時の状況から振返っていきたい。南北戦争終結に先立つ一八六三年、リンカーン大統領が「（反乱州のすべての奴隷は）永遠に、自由の身となる」と奴隷解放宣言を行い、一八六五年の戦争終結後、黒人奴隷制度が廃止された。合衆国憲法には修正条項として、奴隷制度の廃止（修正13条）が明記され、米国で生まれた人、帰化した人すべてに市民権（修正14条）、また、アフリカ系アメリカ人にも投票権（修正15条）があるとする内容が追加された。しかし、この決定も南部地域における投票権の制限を止めるには至らず、「ジム・クロウ」制度[7]と呼ばれる法的な人種隔離制度が強引に導入され、アフリカ系アメリカ人の政治的な前進は妨げられることとなった（米国大使館レファレンス資料室 2010：8）。つまり、南部地域を中心に、アフリカ系アメリカ人は投票権があるにもかかわらず、現実的にはそれを行使できない状況に置かれたわけである。

米国では投票権を持っていても有権者としての登録が済んでいなければ選挙で投票することができない。一九世紀末から二〇世紀初頭にかけて南部ミシシッピ州などでは有権者登録に際して、修正15条に抵触しない形で読み書き能力テストを課したり、投票税の納入を要件化したりすることで、アフリカ系アメリカ人の選挙権がはく奪され続けた（本田 1964: 147）。また、Berman（2015=2020: 11）によれば、読み書き能力テストはまさにアフリカ系アメリカ人の有権者登録を妨げるために採用された試験であり、読み書き能力を測るだけでなく、政治制度や憲法の知識を問う質問も多かったという。つまり、投票させるかさせないかを判断する基準として、知的能力や理解力が持ち出されていたわけである。

一九世紀末は、白人とアフリカ系アメリカ人を公共交通機関で分離する州法について「分離はすれど平等」としてお墨付きを与える米連邦最高裁判決（一八九六年）が出た時代でもあり、投票権にとどまらず、アフリカ系アメリカ人が広い意味で「二流の市民」（バーダマン 2007: 22）としての地位に押し込められていた。

一九三〇年代ごろから徐々にではあるが、その状況に変化の兆しが出始めた。一九三六年にメリーランド州で黒人学生の法科大学院入学を認めるべきとの司法判断が下り、一九四七年にはアフリカ系アメリカ人初のメジャーリーガーが誕生している。また、トルーマン大統領は一九四八年に軍隊内での人種分離を禁止した。こうした流れのなか、南部アラバマ州モントゴメリーで白人に公営バスの座席を譲らなかった黒人女性ローザ・パークスが逮捕された事件を受けて起きたのが「モントゴメリー・バス（乗車）ボイコット」（一九五五年）である。米国大使館レファレンス資料室（2010: 35）によれば、この行動の成功が公民権運動を大規模な政治運動に変え、アフリカ系アメリカ人が団結して統制の取れた政治活動に参加できることを実証した。そこで指導力を発揮したキング牧師が一九六四年の公民権法、翌一九六五年の投票権法制定に至る政治状況形成に貢献することにつながっていった。

アフリカ系アメリカ人は生活の多岐にわたる場面で差別を受けていたわけであるが、キング牧師は一九五七年にワシントンで行った演説で「合衆国大統領と全連邦議会議員に対するわれわれ黒人のもっとも緊急な要請は、投票する権利を与えよ、というものである。（中略）投票権があれば、われわれは立法府を善意の人間でいっぱいに」できると訴えており、公民権運動において選挙権獲得は「重要な目標の一つ」だった（秋元由紀 2020: 421-422）。

公民権法、投票権法の制定に先立つ一九六〇年の米大統領選では民主党のケネディ候補が勝利したが、安藤（2001: 439）によると、民主党の選挙綱領は公民権の扱いが大幅に増えていた。選挙綱領は「自己統治の第一の原則は投票権である」として、投票権保障を最大の課題として確認し、読み書き能力テストや投票税を廃止することなどを約束していた。ケネディ氏は歴史的に共和党支持層であったアフリカ系アメリカ人の票を取り込もうとしていた（米国大使館レファレンス資料室 2010: 53）という指摘もある。

一九六三年にケネディ大統領は公民権法案を連邦議会に提示し、議会審議を経て、ケネディ暗殺後の後任であるジョンソン大統領が一九六四年に公民権法に署名、投票権法も翌年に成立させた。このころ、学生運動の高まりとも相まって、北部の白人大学生らが南部のアフリカ系アメリカ人の投票権はく奪に終止符を打とうと、有権者登録を支援する「フリーダムサマー・キャンペーン」を南部ミシシッピ州で開催するなど、アフリカ系アメリカ人の投票権を実質的に保障しようという動きも高まり、政治の動きを後押しした。

成立した公民権法は、公共施設における人種差別・分離の禁止や公教育における人種分離の禁止、雇用上の差別禁止が明記されているが、第一に掲げられたのが選挙における投票権の保障である。これにより、有権者登録における不平等な条件は撤廃された。そして、翌年成立の投票権法はアフリカ系アメリカ人が受けてきた投票差別の解消を行政的な救済方法も導入（安藤 2002: 7）して徹底させる内容となった。安藤（2002）などによれば、この投票権法の特徴はアフリカ系アメリカ人が不当に投票権を剥奪されている地域に対し、連邦司法長官が連邦有権者登録官または連邦査察官を直接派遣して、連邦政府が登録業務を州・地方政府に代わって行う点にある。この制度により、読み書き能力テストは事実上禁止されたと言うことができる（安藤 2002: 9）。投票権法に基づく対応は州権を乗り越えてアフリカ系アメリカ人の有権者登録を進める形となり、有賀（2002: 70, 72）によると、南部ミシシッピ州の有権者登録は一九六四年の白人七〇％、黒人六・七％から一九六九年には黒人が六六・五％に上昇する結果となった。

1-2 フェミニズム運動における参政権

栗原（2018）や有賀（1988）などによると、米国における女性運動、特に女性参政権運動の出発点とされるのは一八四八年に米ニューヨーク州セネカ・フォールズで開催された女性の権利大会である。大会組織者のひとりであるエリザベス・ケイディ・スタントンは当時の奴隷制廃止運動に触れたことで、女性の地位の低さにも問題意識を向けるようになるなど、女性運動の始まりと展開には奴隷制廃止運動またその後の公民権運動が大きく影響している。スタントンらは女性の権利大会で起草した「所感の宣言」のなかで、「すべての人間は平等につくられ」と明記した米独立宣言になぞらえて「すべての男と女は平等につくられており」と述べたうえで、教育や雇用機会の不平等、結婚後の女性の財産権や離婚時の親権の問題などを指摘するとともに、女性が投票する権利を与えられていないことを問題視した。

有賀（1988）によると、当時の米国は「（女性は）妻として夫に従うものである」という旧世界伝来の女性観に基づく自給自足の農業社会から、産業革命に伴う社会的・経済的変化が生じていた時期であった。中産階級の男性は家の外で働き、女性は家で家事・育児に従事したが、食料品や生活必需品の商品化が進んだことで育児・家事の負担が減少していた。また、女性の教育水準が上がってきたものの、社会における権利や役割が女性に与えられず、女性の間に疑問や不満が高まってきていた。そこで、問題意識を高めた女性たちが当時盛んになっていた改革運動、特に最大の問題だった奴隷制度の廃止運動に飛び込み、奴隷と女性の地位を同一のものとして結びつけ、男女の平等を訴えるようになった（有賀 1988: 74-78）。

一九世紀に始まったいわゆる「第一波フェミニズム」では、女性の権利に関するさまざまな問題のなかでも参政権が最大の焦点であった。栗原（2018）や有賀（1988）などによると、一八六九年にそれぞれ設立され、信条的・戦術的な差異のあった全国女性参政権協会（ＮＷＳＡ）とアメリカ女性参政権協会（ＡＷＳＡ）が一八九〇年に統合し、全米女性参政権協会（ＮＡＷＳＡ）となり、運動目標を女性参政権一本に絞って共闘を開始した。一九一三年にはウィルソン大統領の就任式直前にワシントンで女性参政権パレードを行い、約八〇〇〇人の参加者を集めた。女性参政権運動の主流が州レベルの動きであったときに「国政レベルの改革に関わる問題であることを印象づけ」、「パレードにより、女性参政権が女性運動の象徴となった」（栗原 2018: 32）。

なお、有賀（1988: 87）によれば、州における女性参政権は一九世紀末にワイオミング、コロラド、ユタ、アイダホの西部四州で成立していたが、これが二〇世紀初頭までには西部諸州を中心に一一州で女性参政権が実現している（高村 2004: 53）。

女性参政権運動の展開のなかで、ＮＡＷＳＡ主流派は穏健路線を取ったが、これと対立し、一九一六年に州レベルで設立された全国女性党（ＮＷＰ）は翌年に全国レベルへと成長した。ＮＷＰは戦闘的戦術を取り、「ラディカル」な組織（栗原 2018: 30）であることが特徴で、「国内では婦人参政権も実施されていないのにウィルソン大統領は国外で民主主義を守るためと称して戦争（第一次世界大戦：筆者注）をしている」と政権を批判し、女性参政権を認めるよう迫った（有賀 1988: 89）。

こうしたなか、二大政党である民主、共和両党は一九一六年、州レベルでの女性参政権に対し公式に支持を表明した。その後、ウィルソン大統領は女性参政権を認める方向で連邦議会への働きかけを行い、一九一九年に女性参政権を記した憲法修正一九条が上下両院で可決され、各州の批准を経て一九二〇年に正式に成立、女性参政権が認められることになった。

こうした一連の動きのなかで、女性が参政権を得ることの妥当性はどのように主張され、理解されていったのかという点を見ていきたい。女性参政権運動を中心とした「古典的リベラル・フェミニズムは、女も理性的判断能力があり、合理的行動ができるとして、男と同じ法的権利を主張した」（ホーン川嶋 2000: 47）ものであったという指摘がある。このことが示す通り、やはり参政権の議論は人々の意識のなかにおいて「能力」と分かちがたく結びついていることがうかがえる。無教養な移民より、教育があり読み書きのできる女性に参政権を与えるべきであるという主張も当時見られた（栗原 2010: 178–179）と言われており、能力についての「審査」を改めて行い、有資格者と無資格者の境界線を引き直すことで、女性の参政権を認めてもらおうという戦略的思考が一部にあったとも言える。一方で、当時行われていた第一次世界大戦への女性の貢献に対する見返りとしての参政権付与という側面も大きい。有賀（1988: 89–90）によると、第一次世界大戦下で女性が生産現場に駆り出され、そこで女性の能力が認められるようになっていた。ウィルソン大統領にとっても、戦争を遂行していくうえで女性の協力が必要となり、女性参政権を強力に支持することになったという経緯もあるという。高村は「女性参政権の実現には第一次世界大戦における女性の貢献が影響したことは現在ではほとんど定説になっている」(高村 2004: 49) と述べる。高村によれば、第一次世界大戦の際には、米国、カナダで初めて女性が兵士として軍に採用され、戦闘行為には携わらなかったものの、戦場において重要な役割を果たした。また、女性は看護師、医師としても欧州の戦地で医療活動に従事し、貢献している。高村は女性参政権をめぐる議論への影響について以下のように指摘している。

アメリカやカナダのようにヨーロッパからの移民が中心となって築き上げてきた一方、先住民や非ヨーロッパ系人口を排除しながら発展してきた社会では、市民の資格を規定することは重要な問題であった。そして、こうした社会では愛国心や戦争への参加は市民の条件として重要であることがしばしば指摘されてきた。(中略) 市民の資格として重要とされてきた「国家の危機に当たって国を守る」という条件が女性参政権の実現においても適用されたことは明らかである。(高村 2004: 56)

この当時の女性参政権をめぐる日本の状況も見ておきたい。日本における女性参政権運動の大きな動きのひとつとしては、平塚らいてう、市川房枝らによる一九一九年の新婦人協会結成がある。舘(1994) は平塚の見解について、男性が見過ごしている女性の視点から社会を変えていくために女性参政権が必要であるという認識であり、男性と同じ権利を持つというより、女性の潜在能力や役割を社会的に価値づけるためという発想だったとみる。また、市川については、女性の権利保障に関わるさまざまな女性団体の要求を、議会を通じて立法化していくという参政観を有していたと指摘する。舘は、市川の「政治と台所」をつなぐというスローガンが政治への女性の関わりを促し、大衆運動と政治運動の結合を行ったとの評価を紹介したうえで、「女性が国民主権の社会の構成員たる『市民』となるための活動の第一歩に他ならなかったと言えよう」（舘 1994: 136）と述べている。

ただ、日本の女性参政権獲得は第二次世界大戦の終戦を待たなければならなかった。日本においても、女性参政権運動は「国家のする戦争に協力することとひきかえに参政権を獲得しようという論理」（西川 1997: 232）が結果的には力を持つこととなった。一九四五年、幣原内閣は女性の参政権付与を閣議決定したが、堀切善次郎内相は衆議院の審議で、女性参政権を認める理由について「（戦時において女子は）男子に代り、或いは男子なき後を守って活動」したので、「選挙権行使に支障なき段階に達しておる」との認識を示している（杣 1986: 207）。やはり、ここでも国家への貢献が参政権付与の事実上の条件として浮かび上がってくる。

1−3　障害者運動との対比

以上で見てきたことをまとめると、アフリカ系アメリカ人や女性が権利獲得を目指した歴史においては、さまざまな権利のなかでも参政権が主要な要求項目になっていたことが分かった。また、参政権をめぐる攻防においては、参政権行使にふさわしい能力の問題、また、参政権保持に見合う国家・社会への貢献というハードルが存在していたことも見えてきた。そして、公民権運動においては能力というハードル設定の不当性が社会で広く共有され、また、女性は戦争という時代背景も作用する形で「国家貢献」を果たし、このハードルを越えることで、参政権獲得及び行使への道が開かれる流れとなった。一方、序章の先行研究についての部分で少し触れたように、障害者の権利保障においては参政権が前面に出ていた印象は非常に薄い。アフリカ系アメリカ人及び女性の参政権が社会の論点となりだした一九世紀の米国において、知的障害者のほか、精神に何らかの疾患を有する人の選挙権を剥奪する条項のある州は増加しており、一九〇〇年には四五州中三四州に上っていた（綱森 2015: 8）。にもかかわらず、その違憲性をめぐる議論が米社会で盛り上がりを見せることはなかったもようで、状況の変化は二〇〇一年にメイン州の選挙権剥奪条項に対して連邦地裁が下した違憲判決を待たなければならなかった。国連開発計画（ＵＮＤＰ）の報告書（2021: 34-35）によれば、欧州では二〇〇〇年代に入って徐々に見直しの動きがあるものの、世界の多くの国々では知的障害者が選挙権、被選挙権を行使できない状態が今も続いている。日本も二〇一三年の成年被後見人の選挙権回復まで、後見人の付いた知的障害者らは投票できない状態に置かれていた。

知的障害者を中心に選挙権が長い間、制限されてきたにもかかわらず、障害者運動において選挙権が主要争点になることはなかった。考えられる理由としては、選挙権の制限と比べ、解消すべき「より切実な問題」があると認識されていたこと、また、さまざまな障害種別があるなかで、障害者運動の中心的な担い手に知的障害者が必ずしもなり得ていなかったことがあるだろう。

例えば、知的障害者に関わる問題では、一九五〇年代にデンマークの行政官バンク・ミケルセンが提唱したノーマライゼーション[8]は知的障害児・者の劣悪施設での処遇に対する問題意識が発端だった。こうした流れで米国でも巨大入所施設での非人道的で悲惨な状況が告発され、ケネディ政権（1961-1963）下で巨大施設の解体が進められた（岡崎 2010; 水野 2013）。また、清水（1987: 141）によれば、国際的な動きとしては、一九六八年に国際知的障害者育成会連盟（ＩＬＳＭＨ）が「知的障害者の一般権利及び特別な権利」（エルサレム宣言）を打ち出し、そのなかで「知的障害者は家族あるいは里親と共に生活する権利をもつ。また、コミュニティの生活の全側面に参加し適切な余暇活動に参与する権利をもつ。入所施設のケアが必要であっても入所施設は可能な限りノーマルな生活に近い環境と状態であるべきである」（第9項）と述べられている。こうした考え方はその後、国連総会でそれぞれ採択された「知的障害者の権利宣言[9]」（一九七一年）、「障害者の権利宣言[10]」（一九七五年）に引き継がれていく。ここから見えるのは、まずは日常生活に最も大きく関わる住まいの問題が最重要課題のひとつとして目を向けられてきたということである。

一方、米国で「障害者権利運動の幕を開け」（Shapiro 1993=1999: 68）たのは、エド・ロバーツ（ポリオの後遺症で四肢まひ）が一九六二年にカリフォルニア大学バークレー校に入学したときであったと象徴的に語られる。そして、一九七二年には、その後自立生活運動のメッカとも呼ばれるようになる自立生活センターがバークレーに設立され、ロバーツが所長を務めた。

一九八三年の「国連障害者の十年」スタートに際しては、日本では米国の障害者リーダーを招いて日米障害者自立生活セミナーの全国ツアーが開催され、エド・ロバーツやジュディ・ヒューマン（ポリオによる障害者）らが講師として訪日した（中西 2014: 52）。ただ、来日メンバーの多くはポリオや脊椎損傷の人たちで、「アメリカの自立生活運動は、労働に参加できる障害者の運動」（樋口 2001: 15）という印象をもたらした。知的障害者の影は薄い。

日本の戦後以降は、廣野（2019）や尾上（2019）などによると、まずＧＨＱの指示により傷痍軍人対策が停止したことを受け、傷痍軍人が療養生活の向上を求めて政府に働きかけを行う動きがみられた。また、このころ、結核患者が患者運動を活発化させたほか、視覚、聴覚の団体や日本肢体不自由児協会、精神薄弱児育成会が相次いで設立され、それぞれの障害者グループなどの活動の基盤が整備された。

一九六〇年代以降の日本の障害者運動にはいくつかの流れがある。ひとつは収容施設での保護的な福祉サービスを求める運動であり、これは結果的に、入所者処遇の悪さが明るみに出るなかで、脱施設とインクルーシブ教育を求める動きへと大きく方向を変えていった。発達保障の理念に基づき、障害者の教育を受ける権利や労働の実現を目指した運動も主要な動きであった。また、障害児殺人事件で殺した側である親の減刑を求める運動が起きたことを受け、障害者を価値のない者とする考え方に「異議申し立て」の問題提起をした動きも社会の注目を集めた。さらに、一九六四年の東京パラリンピック開催に刺激されたことに加え、自動車や地下鉄などの普及に伴い、障害者の移動の難しさが顕在化するなかで、バリアフリー運動も活発化していった。これらの運動から浮かび上がるキーワードは住まいであり、教育、労働、命、アクセスである。やはり、参政権は主要テーマから零れ落ちる。

最後に、知的障害者も担い手として存在感を示してきた運動に触れておきたい。いわゆる当事者運動である。木口（2014: 13-14）によれば、日本では自己決定を重んじる身体障害者の当事者運動がまず一九七〇年代から活発化し、知的障害者の当事者運動はそれより遅れて始まった。ただ、国外に目を転じると、知的障害者の当事者活動は一九六〇年代にスウェーデンで親の会を母体にして生まれたセルフアドボカシーがあり、米国では一九七〇年代にピープルファースト運動が盛んになった（保積 2007: 12）。

清原（2020: 114-116）によれば、スウェーデン全国知的障害者協会（ＦＵＢ）は一九六〇年代後半に知的障害当事者の参加と自己決定権を重んじるようになり、親の会から当事者主体の会へと変化した。そして、当事者も参加する会議を開き、仕事や住まい、余暇の過ごし方などについて討議し、社会に対する要求を強めていった。一九八〇年代前半には当事者が組織の正会員として機関決定にも関わるようになり、一九八四年にはＦＵＢ全国大会でオーケ・ヨハンソン氏が当事者として初の全国常任理事に選出され、その後、知的障害者関連法案の国会聴聞で当事者代表として発言する機会も得た。

日本で知的障害のある当事者の声をしっかり聞こうという動きが強まるのは一九九〇年ごろである。一九八九年に知的障害児・者や保護者からなる全日本手をつなぐ育成会の全国大会で、当事者が初めて意見発表を行った。一九九一年の全国大会には準備段階から当事者が加わって企画・運営に携わり、司会役も担った。このときは全国から三四人が意見発表を行っている。一九九四年には国内初のピープルファースト全国大会が開催されるなど、当事者運動は活発化している（木口 2014: 14）。

障害者運動においては障害者の参政権や投票のしやすさの向上が中心的な要求になったという経緯はうかがえず、この点は同じマイノリティの権利獲得運動である公民権運動やフェミニズム運動との違いと言える。ただ、知的障害者の当事者運動で重んじられている自己決定や意見表明、また、「私たち抜きに私たちのことを決めないで」という障害者権利条約のスローガンが示す「決定への関与」という要素は本書の第2部で検討する投票支援の理念に関わってくることになる。

なお、広い意味での知的障害者の政治・行政への参加としては、二〇一〇年に政府が始めた障がい者制度改革推進会議に知的障害者も構成員に加わったことが大きな節目の出来事としてあった。このときは、会議のやりとりが理解しづらい場合に再度の説明を求めるイエローカードルールを取り入れたことも注目された。これ以前にも、自治体の障害者計画や障害福祉計画の策定プロセスに障害当事者が参加することはあったが、知的障害者の参加は際立って少なかった。遠藤（2010）が二〇〇九年に全国の自治体を対象に行った調査によると、障害当事者も加わって障害者計画が策定された自治体のうち約八〇％に肢体不自由者が参加、視覚障害者は約二五％、聴覚障害者は約二二％だったのに対し、知的障害者が参加していた割合は約三・五％にとどまった。また、参加した知的障害者は配慮や支援の必要性が比較的低い軽度知的障害の人たちに限られていたという。

自立支援協議会の議論への当事者参加については笠原（2018）の研究がある。自治体関係者や協議会委員らに行ったインタビューの結果として、障害当事者の参加により協議会として対応すべき優先課題の検討が進みやすくなる効果などを指摘している。その一方で、知的障害者についてはその「協議能力」ゆえに、不慣れな会議に参加してもらうことの意義に対して懐疑的な見方が示されたことにも触れている。こうした先行研究からは、政治・行政への知的障害者の参加度合いは他の障害種別の当事者と比べてかなり低い実態がうかがえる。

第2章

日本における障害者の選挙権行使をめぐるこれまでの課題

2-0 本章の目的

本章では日本の選挙制度に焦点を当てる。明治時代以降、選挙権が拡大され投票方法も変わってきたが、その動きを概観し、その変化のなかで、障害者がどのように参政権を行使し、また、壁に直面してきたかを整理していきたい。

2-1 選挙権拡大

ここでは日本における選挙権拡大の流れを国政の規定を中心に見ていく。

国政における日本の選挙制度の歴史の始まりは、一八七四年（明治七年）に板垣退助らが「民選議院設立建白書」を政府に提出したことを契機とした自由民権運動の高まり、それを受け政府が一八八一年（明治一四年）に出した国会開設の勅諭、そして、一八八九年（明治二二年）の議院法、衆議院議員選挙法の公布といった時代にさかのぼる。このときの選挙権は「満二五歳以上、直接国税一五円以上を納める男子」であった。これが一九〇〇年（明治三三年）には「満二五歳以上、直接国税一〇円以上を納める男子」に、さらに一九一九年（大正八年）には「満二五歳以上、直接国税三円以上を納める男子」に変わり、一九二五年（大正一四年）には男子普通選挙制が成立し、「満二五歳以上のすべての男子」が選挙権を得た。これが第二次世界大戦後、一九四五年（昭和二〇年）に女性の参政権が認められ「完全な普通選挙」となり、「満二〇歳以上のすべての国民」が選挙権を有することとなった。近年の動きとしては、二〇一六年（平成二八年）に選挙権年齢が一八歳に引き下げられた。植木（2013）は一連の変化を以下のように評価している。

近代憲法の初期においては、選挙で投票する行為は、「公務」（全国民のためにする仕事）であって、個人の「権利」ではないと考えられてきた。そのような考え方は、「財産と教養のある市民」のみが「公務」に参加する「資格」があるとする論理によって、有産階級による政治支配である制限選挙制を正当化してきた。また、無産者や女性は政治的判断能力を有しないという「偏見」が制限選挙制を支えてきた。（中略）これに対して、現代憲法においては、財産・性別を問わない普通選挙制が一般化するとともに、選挙権は「公務」たる性質に加えて「権利」たる性質を有するものであると考えられるにいたった。(植木 2013: 1)

女性参政権をめぐる議論に関しては、婦人参政権運動を率いた市川房枝は当時の雰囲気を以下のように振り返っている。

男の普通選挙は、大正一四年の三月に法律は成立したのですが、最初の選挙は昭和三年に行われたわけです。その頃から、ようやく婦人と政治が、具体的な政治の課題になってまいりました。〝男は済んだ。こんどは女の番だ〟ということで、そうすると、やはり女を怒らせておいては損をするから、女のご機嫌も少しとらなくちゃいけないだろうというので、一番保守的な政友会が昭和になりまして、最初に態度を変えました。(市川 1979: 5)

一方で、第1章で触れたように、一九四五年に衆議院で堀切内相は女性参政権を認める理由について「(戦時において女子は)男子に代り、或いは男子なき後を守って活動」したので、「選挙権行使に支障なき段階に達しておる」との認識を示しており、女性の社会貢献や存在感の高まりも重要な要素であったことを再度ここで指摘しておきたい。

加えて、序章で言及したが、一八歳への選挙権年齢の引き下げ議論においても、「政治問題を判断する能力」や若年層の「社会的・政治的成熟」をめぐって長い議論があったことも改めて付言しておく。

ところで、選挙においては、明治時代以降課されていた性別、納税額、年齢といった条件を満たせば、誰でも投票できたわけではない。一八九〇年（明治二三年）の第一回衆議院議員総選挙の際から、投票が認められない欠格条項が常に存在してきた。

井上英夫編著（1993）の巻末資料などによると、第一回衆議院議員総選挙に備えてその前年に公布された衆議院議員選挙法は欠格条項として瘋癲白痴者及び破産者、公民権を剥奪または停止された者、受刑者、選挙犯罪者を挙げていた。知的障害者が関わる部分としては「瘋癲白痴者」であり、寺本（2000）などによれば、瘋癲は精神障害一般を指し、白痴は重い知的障害を意味したとみられる。綱森（2015: 19）などによると、この「瘋癲白痴者」を欠格とする部分は一九〇〇年の衆議院議員選挙法改正により、「禁治産者及び準禁治産者」という表現に変わった。この変化からは投票行為を民法上の禁治産制度と結びつける考え方に転換したことがうかがえる。民法上の禁治産制度は、精神障害や知的障害を理由に裁判所の宣告により契約行為や財産管理などを制限するものであり、禁治産者、準禁治産者となった場合には選挙権を失うことになった。その後、障害の程度が禁治産者よりも軽い準禁治産者は一九五〇年の公職選挙法で欠格から除外されたが、禁治産者の欠格は残った。そして、一九九九年の民法改正により、欠格対象の禁治産者は成年被後見人へと名前を変えた。ようやく二〇一三年の公職選挙法改正で成年被後見人に対する選挙権の制限が廃止され、知的・精神障害があっても誰でも選挙権を行使できるようになった。

ただ、二〇一三年の公職選挙法改正につながった東京地裁判決は、制度趣旨が異なる成年後見制度を借用して成年被後見人から一律に選挙権を奪うことは認められないという理由で違憲判決を下した形であった。判決は「事理を弁識する能力を欠く者に選挙権を付与しないとすることは、立法目的として合理性を欠くものとはいえない」とも述べ、選挙権付与において一定の能力を問うこと自体は問題ではないという認識がうかがえることにここで改めて注目する必要がある。

また、綱森（2015）は一九二五年の男子普通選挙制の成立によって納税と選挙権の結びつきがなくなったことで、当時の学説は禁治産者・準禁治産者の欠格について、より直接的に能力の欠陥を理由とするものに重点を移していたと指摘する。しかし、「『能力』への言及にもかかわらず、『参政能力』『選挙能力』『公務に堪へる能力』『政治的判断の能力』の具体的中身は明らかにされていなかった」（綱森 2015: 20）。

2-2 投票方法の変化

次に、日本における投票方法の変化について、知的障害者に関わりのある部分を中心に見ていく[11]。日本の投票方法の特徴は自ら投票所に出向き、投票用紙に立候補者名や政党名を自分で手書きすることを重んじてきたことにある。世界各国では立候補者名に丸印などを付ける記号式投票や電子投票が広く行われており、日本の「自書式投票」、「投票自書主義」は「日本では常識であっても、世界的には想像すらできないような投票方法である」（あべ 2021: 55）。

2-2-1　代理投票

自書式投票方式の選挙においては、何らかの理由で自分で書けない人にとっては誰かが投票所で代わりに書いてくれる代理投票が不可欠である。第一回衆議院議員総選挙を控えて一八八九年（明治二二年）に公布された衆議院議員選挙法第39条は、文字を自書できない人には吏員による代理投票を認めていた。佐藤（2003: 1-3）によれば、このときに代理投票の利用者として想定していたのは障害者というよりも、教育を受けられなかったことなどによる非識字者だったとみられている。この代理投票制度は一九〇〇年（明治三三年）には廃止されてしまい、一九四七年（昭和二二年）に再開されるまで半世紀近くを要した。この再開時に制度を利用できたのは身体の故障を理由とする投票者のみだった。非識字者の代理投票が復活したのは、準禁治産者に選挙権を与えることも決めた一九五〇年（昭和二五年）の公職選挙法制定を受けてのことである。現在は公職選挙法第48条の規定により、知的障害を含む「心身の故障その他の事由」で立候補者名などを記載できない場合は投票所の投票管理者に申請し、代理投票を選べることになっている。そして、投票事務従事者のなかから二名が補助者となり、そのうちの一人が選挙人の指示に従って投票用紙に記入し、もう一人が記入内容に間違いはないかを確認する方法をとることで、当局としては投票の正確性を担保している。

2-2-2 記号式投票

次に、投票したい立候補者や政党名に印を付ける記号式投票をめぐる日本の動きについて見ていきたい。立候補者名などを投票用紙に自分で記入するのではなく、すでに印刷されている立候補者名の一覧から投票したい立候補者名に印を付けるだけなら、知的障害のある人にとって投票は簡単になる。誰かに代わりに書いてもらう代理投票制度を利用する必要がなくなる人もいるだろう。日本では明治以降、地方・国政選挙において一貫して自書式投票が続いてきたが、一九六二年（昭和三七年）に地方自治体の首長選挙で記号式投票の採用が可能になり、一九七〇年（昭和四五年）からは地方議会議員選挙でも記号式が認められるようになった。

ただ、総務省の調査結果（全国市区選挙管理委員会連合会編 2020: 51-53）によると、首長選挙の記号式投票実施のための条例がある自治体は二〇一九年一二月末現在、五県、二一三の市区町村で、割合としてはかなり少数にとどまっている。記号式投票を採用する主な理由としては、投票用紙に手書きされた候補者名などが読み取りづらいいわゆる疑問票や無効票が減らせることや、開票作業を早く終えられることが挙げられている。

山口県山陽小野田市の議会で二〇一四年、市長選で続いてきた記号式投票を継続するかどうかが話し合われたが、会議録によると、委員会審議において「記号式のほうが疑問票を少なくできるのではないか」、「他市では記号式のほうが総合的に経費削減になると言っているところもある」という意見と並んで、「障害者等自書できない者に対する配慮はどうしていくのか」という指摘もあり、結果的に記号式投票が継続されたという出来事があった。立候補者名を自書するのではなく、印を付ける投票方法であれば、障害者だけでなく健常の有権者にとっても投票のしやすさが高まるのは間違いないはずである。

国政選挙においては、記号式投票は行われていない。一九九四年の公職選挙法改正で、衆院選での記号式導入がいったん決まったことがあるが、翌年自書式に戻され、結局、記号式での衆院選は一度も実施されなかったという経緯がある。このときの政党間の駆け引きに関して、「朝日新聞」一九九五年一〇月二〇日朝刊は「自民党には『政党名を書き込む方式にすれば、なじみの薄い新進党などより、自民党が有利ではないか』（幹部）という本音がある」と報じている。つまり、自書式は知名度の高い政党や現職議員に有利で、丸を付けるだけの記号式になると、新しい政党に票が流れかねないという警戒感もあったようである。「一度名前を書いてくれた人は、次の選挙でも書いてくれる」という妙な「信仰」がある（「毎日新聞」一九九一年一月二〇日朝刊）という指摘もあり、自書式投票に対する一部政治家・政党の強いこだわりもうかがえる。

記号式が広がらない表向きの理由としては、立候補者が正式に出揃う告示・公示日から投票日の前日までの選挙運動期間が短いため、立候補者名を記載した投票用紙の準備が困難であること、告示・公示後に立候補者が死亡し、候補者が減った場合などに投票用紙を修正する必要が出てくること、また、複数の選挙が同日に行われる場合、自書式と記号式の投票があると有権者の混乱を招く恐れがあることなどが指摘されている（田中宗孝 2005: 46）。投票用紙に記載される立候補者や政党名の順番によって有利不利が出るのではないかという見方もある。

宮川（1995）は朝日新聞に寄せた記事で、誤字や判読不可能になりやすい漢字名を用いる韓国や台湾が記号式を採用し、台湾では立候補者名だけでなく立候補者の顔写真まで投票用紙に掲載して投票者の便宜を図っていることを紹介している。そのうえで、記号式にした場合、立候補者（政党）名の記載順で有利不利が生じるという懸念については「そんな悪影響があれば、選挙の公平公正を厳しく監視している欧米で記号式投票を継続しているはずがない」と強調している。

2-2-3 電子投票

次に電子投票について見ていきたい。電子投票も記号式同様、自書式と比べ、投票のしやすさは高まることが期待できる。日本では二〇〇二年に電子投票特例法が施行され、地方議会・長の選挙で採用が可能になった。電子投票は記号式以上に開票作業が速まり、無効票・疑問票がなくなることも見込まれ、二〇〇二年六月の岡山県新見市の市長選と市議選で初導入された。ただ、電子投票においては機器トラブルが相次ぎ、なかでも二〇〇三年の岐阜県可児市議選で起きた問題では裁判の末、選挙の無効が確定し、電子投票の普及に冷や水を浴びせることになった。この問題で名古屋高裁判決は「開票作業は約一時間と従来の三分の一、職員数は約六割で済んだが、すべての投票所で投票機が故障し投票が中断した結果、一二票が二重投票、八票が開票されないなど、二四票で誤りがあった」と認定し、正当な投票が行われていれば選挙結果が変わっていた可能性があると指摘した。県選挙管理委員会は、電子投票は試行的・暫定的な制度で、自書式と同様の厳密さを求めるのは誤りであるなどと上告したが、最高裁はこれを退けた（「朝日新聞」二〇〇五年七月九日朝刊など）。

総務省の情報によれば、二〇一六年二月までに電子投票を実施したのは一〇の自治体で、実施回数は計二五回にとどまった。「朝日新聞」二〇一八年二月二八日朝刊（青森県版）は、全国で唯一電子投票を続けていた青森県六戸町が投票機器の確保が困難になったとして自書式に戻すことを決めたと報道している。

世界全体を見たとき、電子投票は一九九〇年代以降急速に広まっている。自書が困難な高齢者や障害者にとっても投票が容易になるため、障害者の選挙参加のバリアフリー施策として普及を望む声がある。記号や色、顔写真などを表示できるような電子投票も海外では実現しており、さまざまな障害の種類や程度に配慮した投票が実現することは、今後さらに高齢化が進む日本にとって、また民主主義の発展と深化にも必須のように思える（古川 2011: 90–93）との指摘がある。なお、日本政府が二〇二二年三月に国家戦略特別区域諮問会議で「スーパーシティ[12]」の指定を決めた茨城県つくば市は、選挙でスマートフォンなどの端末を使ったインターネット投票を導入することを目指している。投票所に行く必要のないインターネット投票は、バルト三国のひとつであるエストニアでは二〇〇五年の地方選挙、二〇〇七年の国政選挙から期日前投票で行えるようになっている（湯淺 2009）。

2-2-4　在宅投票

インターネット投票はまだ先のことだとしても、投票所に出向かなくても自宅などで紙の投票用紙で投票できる在宅投票制度は障害者にとって利用できれば便利である。まず戦前は在宅投票の制度はなく、船員、鉄道従業員、漁業者などを対象とした不在者投票制度があった（井上英夫 1993: 18）。これが、一九四七年（昭和二二年）には病人や身体障害者、妊婦らも不在者投票が可能となり、自宅からの郵便による投票も認められるようになった[13]。また、在宅投票の対象者のうち、「身体の故障に因り」自書できない選挙人は代理投票による在宅投票も認められていた（佐藤 2003: 3-4）。こうした制度は一九五〇年（昭和二五年）施行の公職選挙法が引き継ぎ、地方選挙・国政選挙の対応が統一された。

しかし、この制度を使った大量の選挙違反事件が起きたことを受け、在宅投票制度は一九五二年（昭和二七年）に廃止されてしまう。この前年の統一地方選挙では一〇二二五件の選挙犯罪や選挙争訟が発生し、そのうち二四一件（約二四％）が在宅投票（及び代理投票）を悪用したものであった（大倉 2019: 56）。佐藤（2003: 5）によれば、このときの広島市議会議員選挙では不正投票のうち、「投票用紙の請求又は投票の提出を選挙人の同居の親族でない者が行ったもの」、「選挙人から一応投票の手続の依頼を受けたが、投票用紙等の請求から投票の提出までの一連の投票行為を選挙人が知らない間に行ったもの」が特に多かった。佐藤（2003）や大倉（2019）によると、この背景として、同居親族による投票用紙の請求・提出も認められていた影響が大きいもようで、親族でない第三者が同居の親族と偽って手続きすることを許す結果となったとみられている。

在宅投票制度の廃止により、外出が難しい障害者らの投票機会は制限されてしまうことになったため、制度の復活を求める請願運動が身体障害団体を中心に展開された。そして、一九七一年には北海道小樽市在住の身体障害者が国に対して損害賠償請求訴訟を起こした。この訴訟は「障害をもつ人の参政権保障について裁判という手段により争った最初の事件として画期的」（井上英夫 1993: 20）なものとなり、在宅投票制度（郵便投票）を復活させる一九七四年の公選法改正へとつながった。ただ、このときは重度身体障害者だけが対象で、郵便投票での代理投票は認められなかった。この状況に対し、自書することができず、在宅での代理投票以外に選挙権を行使する手段のない筋萎縮性側索硬化症（ＡＬＳ）の患者三人が国を提訴した。二〇〇二年の東京地裁判決で裁判長は「外出できない原告らが選挙権を行使できる投票制度がなかったことは憲法違反と言わざるを得ない」と認めた（「朝日新聞」二〇〇二年一一月二八日夕刊）。この後、二〇〇三年の公職選挙法改正で、郵便投票における代理記載制度が創設され、郵便投票を認められた人のうち、上肢または目が不自由な人（障害一級）らが代理記載の対象になった。また、郵便投票の対象者として、介護保険で「要介護５」認定の在宅の寝たきりの有権者が追加された。

ただ現状でも、投票所に行くことが困難だが、所定の障害に該当しない人や障害認定を受けていない人は郵便投票の対象にはならず、代理記載も認められない。不安神経症と診断された知的障害を持つ青年による国家賠償請求訴訟の例もあり、「依然として障害をもつ多くの人たちが制度の枠外に放置されたままになっている」（川﨑 2011: 146）。

2-2-5 病院・施設における不在者投票

ここまでは、投票所に出向けるが、自分で書くことはできない人のための代理投票の仕組みについてまず述べ、自書に代わる記号式投票、電子投票をめぐる動きも整理した。その次に、投票所へ行けない人が自宅で投票できる制度の変遷を見てきた。ここでは、もうひとつの仕組みとして、入院中また入所施設における不在者投票制度に触れておきたい。

この制度は選挙違反の多発を受けて一九五二年に在宅投票制度がいったん廃止された後、これに代わるものとしてスタートした（川﨑 2006: 10–11）。病院や老人ホーム、身体障害者支援施設、保護施設など、都道府県選挙管理委員会の指定を受けた病院・施設に入っている有権者が、病気やけがのため投票所に行けない場合などにその施設内で投票できる制度である。病院・施設が指定を受けるには選管への申請が求められている。指定基準は都道府県によって違いがあるが、国光（2011）などによると、定員が概ね二〇～五〇人以上の施設が対象になっているようである。この制度では、施設や病院側が入院・入所中の有権者に代わって選管に投票用紙などの交付を請求するほか、立会人など担当者の人繰りや選管への票の送付など一連の投票事務を担うことになり、一定の負担が生じるため、どの病院・施設でも対応可能なわけではない。不在者投票ができない施設に入院（入所）している寝たきりの人などはこの制度を利用できないのが実態（西山 2018: 101）である。

また、病院・施設における不在者投票では投票の秘密や公正を確保することが課題であり、二〇一三年の公職選挙法改正で、市区町村の選管が選定した外部立会人を立ち会わせることが努力義務となった。

2-3　障害者の参政権をめぐる問題

選挙の実施方法などをまとめた公職選挙法は選挙の公平性や平等性を重んじる結果、多くの「やってはいけないこと」を生んでおり、禁止だらけの「べからず法」とも揶揄される。障害者の参政権行使においては本人がまったく意図しないまま法に抵触したと判断されてしまうことがあったり、法の規定が壁となって健常者並みの権利行使を阻まれたりすることもあった。この章でここまで見てきたように、柔軟な投票制度が整備されていないこともそのひとつである。また、障害があるがゆえに、第三者が障害者の一票を悪意をもって利用しようとする事例もあとを絶たない。障害者の参政権行使とひとくちに言っても、選挙運動や議員活動、投票行為などさまざまある[14]が、ここでは知的障害者に関わりの深い投票時の問題を主に取り上げていきたい。

2-3-1　代理投票のトラブル

まず、投票所での代理投票をめぐるトラブルである。「朝日新聞」二〇一九年七月三日朝刊（福島全県版）などによると、二〇一九年六月の福島市議会議員選挙で、知的障害のある男性（一九歳）が人生で初めて投票しようと父親と一緒に投票所を訪れたところ、投票所の市職員から「字が書けるんですか」と聞かれた。男性はひとりでは字を書けないため、父親が代わりに記入しようとしたところ、市職員から「家族ではできない」と説明され、男性は投票しないまま、あきらめて帰宅することとなった。その日の夕方、父親が市側に対し「差別されているようだった」などと電話で抗議し、市の選挙管理委員会は対応に問題があったことを認めて謝罪した。

公選法の規定では、自分で投票用紙に記入できない人のために代理投票制度が設けられており、投票所の職員二人に補助してもらって投票することができる。ただ、この福島のケースでは、職員から男性と父親に代理投票についての説明はなかったという。

筆者が福島市選挙管理委員会にこの件について尋ねたところ、男性と父親の応対をした職員は投票所の係を何度もやったことのあるベテランで、代理投票の制度についても十分理解していたとのことである。もしこの職員が代理投票の仕組みを男性とその父親に早い段階で伝えていれば、男性は投票ができていたかもしれない。投票所を訪れる人への説明の仕方やコミュニケーションのとり方に配慮が足りなかったとみられ、選管の担当者もその点に問題があったと認めていた。また、この投票所には代理投票や点字投票に精通している別の職員も配置されていたそうだが、その職員は男性とその父親が投票所に来ていることに気づいていなかったとのことである。投票所全体の体制として、障害者をサポートしようという準備と心構えが不十分だったことは否定できない。福島市選管はこの四年ほど前に特別支援学校で模擬投票をやったことがあったが、その後は続けていなかった。選管の担当者は「模擬投票を続けていれば、多くの職員が対応の仕方を学べていただろう」と反省を口にしていた。

次のケースは、大阪市を廃止し四つの特別区を設置する「大阪都構想」の賛否を問う住民投票（二〇二〇年一一月）の際に起きたトラブルである。「共同通信」二〇二一年一二月二日配信のヤフーニュース掲載記事などによると、大阪市淀川区の女性（五九歳）が、自閉症で重度の知的障害に加え身体障害もある長女（二二歳）を車椅子に乗せて区役所の期日前投票に連れて行ったときのことである。母親が投票所の受付で宣誓書に住所・氏名を記入していたとき、投票所の女性職員二人が来て長女の車椅子を押して投票所内に入って行き、固まって身じろぎひとつしない長女に対し、投票所職員らが張り紙に示された「賛成・反対」のいずれかを指すよう働きかけていたという。駆け寄った母親は「この子は（ここでは）意思表示できない」、「（この状況で）指をさせと言うのか。いじめじゃないか」と抗議し、母親が長女の手を取り、指差しをさせようとしたところ、職員から「こんなやり方ではだめです」と突っぱねられ、押し問答の末、母親が長女の分の投票用紙も投票箱に入れたという顛末である。母親は公選法違反の罪で在宅起訴され、裁判にまでなった。

長女にとっては初めての投票権行使で、母親もそれまで選挙には数えるほどしか行ったことがなく、投票に慣れていたわけではなかったもようである。母親は代理投票制度について把握はしていたが、代理を務めることができるのは投票所の担当者のみであることまでは知らなかったという。期日前投票に出向く前、母親は普段から接点のある区役所保健福祉課に電話で三回、投票に行くことを伝えていたそうで、その際には先方から代筆での投票について言及があったが、詳細な説明を受けた記憶はなく、母親としては自分が代筆することは禁じられていないという認識だったとのことである。

長女に意思表示の能力がどの程度あったかという点に関しては、母親や顔見知りのヘルパーとであれば簡単な言葉による意思疎通が可能だということで、都構想が実現すれば住所表記が変わるかもしれないと母親が長女に伝えたところ、「ペケ、ペケ（「だめ」の意味）」と答えていた。医師の診断によると、長女は区役所などざわついた不慣れな環境では何もできなくなり、慣れない人に対しても言葉が出ないという。対応した職員らは「（長女は）無表情で身じろぎもせず、投票の意思を示しているように見えなかった」などと捜査当局に証言したようだが、母親の弁護士は、長女が衆目のなかで固まって動けなくなっていた状況を「投票の意思がない」と職員が誤認した可能性があると指摘している。

この出来事について「読売新聞」二〇二一年二月三日大阪版夕刊は「自営業の五〇歳代の女」が「淀川区役所の期日前投票所を、重度の障害がある二〇歳代の娘と一緒に訪れ、娘の投票用紙を使って投票した」公職選挙法違反事件として淡々と報じるにとどまっており、「日本経済新聞」二〇二一年二月三日大阪版夕刊も「五〇代女性が選挙管理委員会の職員の制止をふりきり知的障害がある親族の選挙用紙に賛否を記入した投票偽造」事件としてごく短行で伝えただけだった。共同通信の詳報から何らかの教訓や気づきを得ることができるとするならば、ひとつには代理投票についての事前説明が徹底されることの大切さであり、もうひとつは障害のある人の意思をどのように汲み取るかという課題に対して、投票の文脈ではまだ十分向き合えていないのではないかということであろう。

2-3-2 施設入所者の投票トラブル・不正

次は施設入所者が投票所に出向いて投票するときに起きた問題である。施設関係者が入所者に対し特定の立候補者への投票を働き掛けたり、指示して投票させたりする事件は各地であとを絶たない。具体的な事例を見ていく。「毎日新聞」二〇〇四年一月二八日朝刊によると、二〇〇三年の衆院議員選挙の不在者投票で、和歌山市の知的障害者更生施設の幹部が入所者九人に特定の立候補者名などを書いたメモを渡し、投票させたとされる。初公判での検察の冒頭陳述によれば、この幹部は前任者からの引き継ぎとして、入所者には施設の設立母体が推薦する立候補者に投票させるよう言われており、入所者の票のとりまとめを通じて施設への補助金を確保することが目当てだったという。これとは別の施設における投票不正事件においては「候補者名を書いたメモを入所者一人一人に渡し、マイクロバスで町役場の不在者投票所までピストン輸送した」という元施設長の証言があったほか、「選挙のたびに投票時に候補者名を忘れないよう、支援を訴えに来所した候補者に限り、名前の書き方を練習させていた」(「毎日新聞」二〇〇三年一一月一一日中部夕刊)というケースもあった。

これらは施設入所者を投票所に連れて行く場合に起きていた問題であるが、指定を受けた施設や病院内での投票でもこれまでトラブルが相次ぎ、選挙が無効になる事例も起きている。次のケースは認知症の高齢者に関するものであるが、二〇〇一年の富山県入善町の町長選挙は特別養護老人ホームでの不在者投票で入所者の意思確認に違法な点があったとして無効になり、再選挙が行われる事態になった。「朝日新聞」二〇〇二年二月二八日朝刊富山県版や「朝日新聞」二〇〇二年七月一一日朝刊富山県版などによれば、この老人ホームではこのときの町長選で入所者一〇九人全員が投票しており、「投票率一〇〇％」に達した。このうち、九〇人分は職員が代理で投票していた。富山県選挙管理委員会は審査を行った結果として、少なくとも一八人は重度の認知症のため、自分の意思で投票用紙を請求したり、代理投票の際に立候補者名を自分で指示したりしたとは考えられないと判断し、選挙無効の裁決を下した。その後、名古屋高裁金沢支部もこの老人ホームの意思確認方法は「入所者全員が不在者投票をすることを当然の前提として行われた形式的なもの」と批判し、県選管の判断を適切と結論付けた。

老人ホームの施設長は「私たちはいつも、入所者の持っている能力を出来る限り引き出してあげることを考えている。選挙でも、入所者をいつも介護し、コミュニケーションをとっている施設職員が、前向きな姿勢でのぞんだ結果だ。強制はしていない」と述べていた。この老人ホームでは代理投票の際には入所者に三回確認して反応がない場合、「何も書かないで投票するか」と聞いてから白票を投じていたというが、県選管はこの点について、白票の投票ではなく投票自体をしないことや、別の日に改めて投票する選択肢もあったはずだとして「補助者の役割を逸脱した」と指摘した。

この後、この老人ホームは入所者への意思確認の方法について具体的な基準などを県選管と町選管に求めていたが、選管からは個人によって心身の状態が異なり、統一的な基準作りは困難という回答だった（「朝日新聞」二〇〇二年八月二一日朝刊富山県版）という。この老人ホームでは独自マニュアルを作成し、例えば、投票用紙交付請求時の意思確認においては、意思があいまいな人に対しては三回程度ゆっくりと説明し、「選挙しますか」、「やめますか」の両方を聞いて確認し、本人の体調の波にも十分に配慮して判断する（「朝日新聞」二〇〇二年八月二七日朝刊富山県版）ことなどを徹底したという。

病院や施設での不在者投票の公正を確保するために、二〇一三年の公職選挙法改正で「外部立会人」制度の活用が努力義務になった。市区町村の選管が選定した外部立会人を派遣することで、病院・施設内の投票を外部の目で監視しようというものである。ただ、「毎日新聞」二〇一七年一〇月二〇日夕刊によると、二〇一四年の衆院議員選挙で外部立会人を活用したのは全国二万二〇七八施設のうち二五一七施設で約一一％にとどまっていた。同紙記事は、入所者や施設にとって外部の人が入ってくることへの抵抗感がある可能性や、自治体側にとって外部立会人の成り手確保が難しい事情を指摘している。

2-3-3　不十分な情報

投票所の体制や係員の対応のまずさで障害者らが投票できなくなったり、本人の意思を置き去りにしてその一票が左右されてしまったりする問題は、投票という行為自体をどのように守っていくかということに関わる議論であろう。これはこれとして対応や不正の防止策を強化していくことが求められる。その一方で、投票先を決める判断をどのようにより充実させていくかということも併せて考える必要があり、そこでカギになるのが情報の質と量である。この部分はこれまで大きな問題として社会全体から注目されることはほとんどなかったが、当事者や関係者から選挙情報の不十分さを訴える声は上がっている。さまざまな生活場面と同様に、障害の種別によって選挙においても求められる情報保障の形は大きく異なる。狭い意味で選挙関連の情報を考えても、政見放送、個人演説会、街頭演説、選挙公報、新聞広告などさまざまな媒体を通じた情報があり、それぞれに対して手話通訳や要約筆記、字幕、点字、音訳、拡大文字などでの対応の可能性を探ることが求められる。しかし、「国レベルで政策化されているのは政見放送に対する手話通訳・字幕の付与、選挙公報の点字と音訳におおむね限定され」（大倉 2018: 26）ているのが現状である。つまり、対応の主な対象は聴覚障害者と視覚障害者である。

以下は立岡・橋本（2011: 42）が二〇一〇年三月の障がい者制度改革推進会議で知的障害のある委員が発言した内容として引用している箇所である。

せんきょ　の　とき　かくとうから　マニフェストがだされるが　ふりがながなく　むずかしいことが　いっぱいかかれていて　わからない。せんきょのとき　はがき　いちまいきて　ふりがなもなく　こまかくかかれていて　どこに　とうひょうじょ　が　あるのかわからなくて　いけないこともありました。

この発言は知的障害者が選挙において情報面の大きなバリアに直面していることを示している。投票するという行為自体ができたとしても、政党や立候補者の公約を理解できないため、十分な判断材料を得られず、投票行為が「不完全燃焼」になっていることがうかがえる。

序章で少し触れたが、矢嶋（1993）が一九九〇年に実施した当事者調査では、投票についての意見・要望として多いものから「政策や候補者の人がら、実績を知ることのできる情報をもっとわかりやすくしてほしい」、「政策や候補者の人がら、実績を知ることのできる情報をもっと多くしてほしい」という結果が出ており、このことが示すように、理解しやすい判断材料を望む声はだいぶ以前からあるが、状況の改善は進んでいない。

また、知的障害者施設で投票支援に尽力してきた河尾（1993：182）は、重度知的障害者への投票支援を念頭に現行の選挙公報について「漢字が多く、抽象的政治支配のための欺瞞と虚偽にみちた『政治』語の多い公報は、たぶんどんなに教えても終生読字不可能だし、理解不能だろう」と述べる。そのうえで、知的障害者向けの特別な選挙公報と法定ビラが提供されることが必要であると指摘し、それらがあれば、知的障害者向けの投票支援はとてもやりやすくなると訴えている。

第3章

海外の状況

3-0　本章の目的

第2章では日本の投票制度の変遷や、障害者の参政権行使が直面している具体的な課題・問題を整理した。本章では諸外国における投票制度や、選挙情報を提供する際の工夫を概観することで日本の状況との違いを明らかにし、日本国内における知的障害者向け投票支援の取り組みを詳しく検討する第2部につなげていきたい。

3-1　投票方法

久禮（2000: 79）は「障害をもつ人々の参政権保障については、日本の公選法のように選挙活動について厳しい規制をしている国は少なく、先進国にはない」と指摘する。そのうえで、スウェーデンでは郵便局での投票、また、高齢者や障害者の代理投票が日本のような面倒な手続きや制約なしに行われていることに触れ、「一方の手で権利を与えておきながら、もう一方の手でその権利を実質的に剥奪するなどということはあってはならないという思想」が背景にあると述べている。岡澤（2010: 11）などによれば、スウェーデンの代理投票は「簡単に利用できる制度」であり、病人や障害者、高齢者で自分では投票所に出かけて投票できない場合は代理人に投票用紙を託すことができる。代理人になれるのは配偶者や同居人、子供、孫、両親、兄弟姉妹、職業としてあるいはそれに類する形でその有権者の介護をしている人、また、地元自治体によって任命された人などとなっており、幅広い。すでに見たように、日本には在宅投票制度があるものの、対象者の条件が厳しく、スウェーデンの代理投票とは利用のしやすさの点で大きな差がある。

「巡回投票」も北欧で実施されている。デンマークでは投票所に出向けない人のために有権者の家や施設に選挙管理委員会の担当者が投票箱を持って行き、投票できるようにしている。投票所内に入ることは無理でも、投票所の近くまで車で来ることができる場合には、到着した車のところへ担当者が投票箱を持っていき、一票を投じてもらえるようにしている（井上英夫 2002: 24）。巡回投票はドイツや英国などでも行われている（藤本 2011: 184–185）という。また、ドイツでは投票所に行かず、郵便で投票する制度が一般の有権者にも多く使われている。バーデン・ビュルテンベルク州の政治教育センターなどの情報によると、郵便投票を利用するときに特別な条件を満たす必要はなく、申請は基本的にメールやファックスでも行うことができる。郵便投票の際、障害を理由に投票用紙に自分で記入できない場合は一六歳以上の別の人に書いてもらうことが認められており、この代理人は依頼者本人の意思に基づいて代理記載したことを署名付きで宣誓すればよいという仕組みになっている。ドイツ連邦選挙管理委員会によれば、二〇二一年のドイツ連邦議会選挙の際に郵便投票を利用した人の割合は新型コロナウイルスまん延という背景もあり、全体の四七・三％に上った。

投票所に来ることができない人のための制度という意味では、日本には病院・施設における不在者投票があることにすでに触れたが、施設の規模によっては実施できないところもある。また、病院・施設に入っておらず、かつ、在宅投票制度の対象外の障害者や寝たきりの人にとっては、現状では投票をあきらめざるを得ないケースもあるとみられるが、もし巡回投票制度が充実していれば、投票機会を失わずに済むことにもなるだろう。

途上国の投票制度が日本の投票支援に示唆をもたらす点もある。途上国では識字率が低く、文字情報だけでは投票が難しい人が比較的多いため、政党や立候補者のシンボルマークを活用する例が多いようである。乗京（2018）は二〇一八年のパキスタン下院総選挙を取り上げ、「候補者名よりもシンボルを覚えてもらうことで投票を促そう」という選管の発想を紹介している。シンボルマークは力を象徴する戦車や銃、伝統の衣服や乗り物、動物など多種多様で、その数は計三三一種類に上ったという。このとき野党だった「正義運動」はクリケットのスター選手だったイムラン・カーン党首のイメージを前面に押し出して「クリケットのバット」をシンボルマークに使っていた。投票用紙には立候補者名とシンボルマークが並んで印刷されており、有権者はシンボルマークの上にスタンプを押すだけで完了できる仕組みになっている。

第2章で触れたように、日本のほとんどの選挙は自書式で行われており、投票用紙に立候補者名や政党名は記載されていない。日本の主要政党はシンボルマークやロゴを持っているが、これらが投票用紙に掲載されることもない。そもそも日本の政党のロゴの認知度が高いとは言い難い。障害者だけでなく全ての有権者の投票のしやすさを高めるうえで、立候補者の顔写真の掲載を含め、文字以外の情報の取り扱いに工夫を凝らすことにも意味があるだろう。

3-2 分かりやすい選挙情報

3-2-1 各国の対応

次に、選挙に関する分かりやすい情報提供を行っている各国の事例を概観する。非営利組織、国際選挙制度財団（ＩＦＥＳ）が運営するウェブサイト「election access」は、障害者の政治参加に関する情報を収集、発信しており、以下はこのサイトに掲載された事例である。

まず、知的障害者や識字能力の低い人、高齢者らを読者として想定し、選挙の意味や投票方法について分かりやすい言葉で説明する冊子（電子版含む）を作成している国は一定数見られる。アフリカのウガンダでは二〇二一年、選挙管理委員会から委託された非営利組織が英語と一三の現地語で分かりやすい投票ガイドを用意した。英語版のガイドは一五ページで構成され、内容としては、「選挙とは何か」、「選挙の種類」、「選挙の大切さと目的」、「誰が選挙に参加できるか」、「立候補者の資格」、「誰に投票するかをどのように決めるか」、「どのように投票するか」など、それぞれの項目がイラスト付きで、大きく見やすい文字で書かれている。例えば、「誰に投票するかをどのように決めるか」の項目は「十分な情報を得て判断するためには、さまざまな政党や候補者のマニフェストを比較することが大事です。政党や候補者は選挙演説会、ラジオ、テレビ、新聞、ポスター、討論会、拡声器を使った街頭演説、ソーシャルメディアなどで皆さんに訴えを行います」と説明されている。東欧モルドバの分かりやすい選挙ガイドは公用語のルーマニア語と英語で作られているが、英語版では例えば、市長の仕事について「自分が担当する村や市で、よい学校、道路、病院ができるようにがんばる」ことと説明し、大統領の役割については「国民が気分良く（feel good）過ごせるようにするのが仕事です」と噛みくだいている。また、「なぜ投票は大事か」という項目では「権利なので、投票すべきです。投票すると、自分が価値ある存在であると感じるでしょう」という意義付けを行っている。

次は英国での事例である。選挙の仕組みや投票の仕方についてではなく、公約の分かりやすさの実現に取り組んだケースである。二〇一五年、知的障害者支援団体Mencapが英国の選挙に向けて主要各政党にコンタクトを取り、知的障害者を含むすべての有権者にとって読みやすいマニフェストの作成に向けた協力を持ちかけた。その結果、七つの政党の「分かりやすい版」マニフェストが出来上がった。このうち、二大政党のひとつ保守党は一般向けの通常のマニフェストがPDF版で八四ページで構成されていたが、分かりやすい版は一一ページに圧縮した。一般向けのマニフェストでは例えば、経済についての部分で、二〇一〇年までの労働党政権時代の経済低迷から保守党政権下で急速に経済再生を実現してきたことなどを、他国との比較やデータを用いながら詳しく解説していたが、分かりやすい版では「五年前、経済はうまくいっていませんでした。私たちの政府になってからは経済が良くなり、今はより強くなっています。このことは、今の（＝保守党の：筆者注）政府がこの国をより住みよい場所にできるということを意味しています」というように、細部までは踏み込まず、大まかに表現した。そのうえで、今後の政策として、「借金をストップします」、「国民保健サービス（NHS）にもっとお金を使います」、「二〇〇万人分の新しい仕事を生み出せるよう支援します」、「初めて買う人のために新しい家二〇万棟を建てます」などの経済関係の約束をまとめて一ページに列挙した。

知的障害者も読者として想定した選挙公約の分かりやすい版はドイツの主要政党なども発行している。一方、日本の国政政党は若者に届けることを狙いにした情報を増やしつつあるが、知的障害者向けは少なくとも二〇二一年の衆院選、二〇二二年の参院選では各党ホームページを見る限り確認できなかった[15]。

政党の公約のこのような分かりやすい版ではなく、知的障害者の関連団体の媒体が政党の考え方を取材したうえで取り上げ、比較のための材料を提供する動きもある。スウェーデン全国知的障害者協会（FUB）が当事者向けに発行した機関誌ステーゲットの取り組みである。柴田・尾添（1992: 123-125）によると、ステーゲット一九八五年四号は国の選挙についての記事を掲載し、まず、投票することの大切さを説明し、選挙について分かりやすく書かれた本やパンフレットを紹介している。そのうえで、各政党について取り上げ、党首の写真や名前、党のシンボルマークを載せ、さらに各党に対し、知的障害のある人の就労についてどう考えるか、知的障害者の生活が良くなるためにこれまで何をしてきたかなどを質問し、その回答内容を並べている。一九九一年三・四号は選挙を控えた特集として、より内容を充実させている。選挙の意義や具体的な投票の仕方についての説明、各党の紹介、選挙についての読者インタビューのほか、各党党首への質問では、知的障害のある人の住宅や就労の問題に加え、知的障害者に対するいじめの問題、さらに、党の方針についての分かりやすい版がそれぞれの政党で作成されているかどうかを尋ねるなど、読者のさまざまな関心やニーズに応えられる多様な情報が用意された。

3-2-2　ドイツの事例

海外における分かりやすい選挙情報としては、選挙の仕組みや投票方法など投票に臨むうえでの前提知識を提供するものがひとつのパターンとして見えてきた。さらには、政党の公約を分かりやすく書き換えたもの、また、取材に基づいて政党の公約を分かりやすく整理し提示するものがあった。次にここでは、受け身の立場で分かりやすい情報を得るのではなく、知的障害者が積極的に調べて理解を深め、議論できる場が提供されている例を見ていきたい。ドイツ北部にあるハノーバー大学の研究者を中心とした取り組みであり、以下の内容は筆者が二〇一七年六月から七月にかけて、この研究者や参加者、また、取り組みに関係するドイツ連邦政治教育センターの担当者らに対して行った聴き取りと参与観察をもとに記述する。

この取り組みはハノーバー大学の特別支援教育コースの講座として実施され、学生と知的障害者がインクルーシブな社会や自己決定について共に考えることを目標として掲げてきた。特別支援学校での勤務経験のあるドロテー・マイヤー研究員が中心になって二〇一二年から運営してきた。参加費は無料で、参与観察を行った二〇一七年の講座では知的障害者約一〇人、特別支援教育コースの学生約一五人が一緒に学んでいた。講座への参加に際して障害の程度は不問で、自分で会場に来ることができるか、または同伴者がいればよく、読み書きの能力も条件にしていないのが特徴である。

講座は毎年、春から夏にかけて計二〇回近く開かれ、各回、昼食を挟んで六時間続く。内容は主に政治や社会に関することで、テーマは一年ごとに設定される。二〇一六年は欧州に押し寄せていた難民問題を議論し、二〇一七年はその年の九月に控えていた総選挙などについて、参加者がさまざまな切り口から話し合った。

この講座では、学生は障害者の介助役としては位置付けられていない。「開かれた社会」のあるべき姿を障害者と共に考えるのが講座の重要な意義のひとつとされている。総選挙について取り上げた回では、学生が皆の前でドイツの選挙制度を説明したが、もともと学生も詳しいわけではない。分かりやすい言葉でうまく解説しようとすると、中途半端な知識ではままならない。あいまいな説明にとどまれば、障害者から「分かりにくい」と厳しい指摘が来た。

首相候補の政策や政党の活動などについては、学生と障害者が一緒にグループを組み協力して調査を行い、政治家のインタビューを行ったグループもあった。講座では現地視察に出掛ける場合もある。二〇一七年の講座の最終回には一〇〇人を超える聴衆を前にグループごとに発表を行い、成果を披露して締めくくった。

大学は当時の講座の趣旨説明文のなかで、「どのような可能性（＝選択肢：筆者注）があるかをまず知ること。（中略）それによって初めて（障害者も健常者も：同）自分で選ぶことができる」と述べ、自己決定の前提を充実させようという講座の意義を強調している。何を自己決定するのかという対象のひとつとして、二〇一七年の講座の例が示すように、選挙も含まれてくる。

講座のなかでは政党や政治家について具体的な話もする。例えば、マイヤー研究員は参加者に対し、「政党は似たような考え方を持った人たちのグループです。『緑の党』って聞いたことある?」と問いかけ、参加者が「環境を大事にしている政党」と答えるなど、政党が掲げる政策内容にも踏み込んでいく。学生と知的障害のある人のグループワークのなかでは、この年の総選挙の際に第一党を率いていた当時の首相メルケル氏について、学生が「メルケル氏は元科学者。旧東ドイツで育ったということも大事な情報だよね」と説明し、第二党の党首だったシュルツ氏については「若い頃、サッカーに熱中していたみたい」などと伝えていた。また、あるグループが行った地元ニーダーザクセン州議会議員とのインタビューでは、政治の世界で働くために備えるべき条件などについて尋ね、議員から、演説のうまさや発想力、特定のジャンルに精通していることが大切であるなどといった答えを引き出していた。

マイヤー研究員は筆者の聴き取りに対し、政党の政策など機微に関わる話題も扱っていることについて、「教員側が教え込むことはせず、意見形成を参加者に委ねる。論争のあるテーマはそのまま提示することが重要です」[16]と述べ、政治的中立性への配慮と、具体的な話題の提供により議論を活発化させること、これら両方のバランスを意識していることをうかがわせた。

講座の成果は冊子にまとめられ、それを政府機関のドイツ連邦政治教育センターが支援している。このセンターはドイツがナチス独裁を許した反省から、民主主義や政治参加の重要性をより深く認識できる機会を市民に提供していこうと、一九五二年に前身組織が発足した。知的障害者や移民、教育を十分受けていない市民といった、ドイツ語読解に困難のある人たちへの支援部門もこのセンター内にあり、その部門がハノーバー大学の講座との連携を担っていた。

二〇一七年当時この部門で大学側との調整役を務めていたウォルフラム・ヒルペルト氏は、かつて政治と歴史の教師だったため、その専門知識を生かして、ハノーバー大学の講座の質向上に貢献してきた。冊子のレイアウトや印刷、内容の最終チェックを行う法律専門家の費用は連邦政治教育センターが負担し、予算面でも講座を支えてきた。

総選挙を扱った二〇一七年の講座の冊子は三九ページで構成され、文字は大きく、カラー刷りで、イラストなどもふんだんに使用した。議会の機能、選挙権、投票の仕方、選挙戦の仕組み、党の公約が持つ意味などを簡潔かつ分かりやすく説明している。この冊子は無料で配布しており、オンラインで入手可能で、障害者の作業所や学校から数万部の需要があるという。中学校や高校で一般生徒向けの教材として利用したいという声も多い。

ヒルペルト氏は「最初は知的障害者のためのテキストとして作成したが、思った以上にニーズがあることが分かった」と振り返る。政治や社会の現状について、分かりやすい言葉で説明してほしいという潜在的な期待が大きいことの表れであり、移民系を含め、読者層は知的障害者以外にもさらに広がっていくという認識をヒルペルト氏は示していた。

以上のように、ハノーバー大学の講座の取り組みは、知的障害のある人が選挙関連を含む政治や社会のテーマを学生との共同作業を通じて自ら調べ、意見を形成していくという能動的な場を設定していることが特徴であり、その成果がテキストとして残り、幅広く利用されるという形で社会へのプラスの作用を生んでいる。

3-3　小括と浮かび上がる課題

本章では諸外国の投票制度と選挙情報をめぐる動きを概観した。その結果、投票制度に関しては、諸外国においては投票する人のさまざまな事情を想定して利便性の高い制度が整備されていることが改めてはっきりした。日本の投票制度にはとりわけ障害者にとって多くの不便がつきまとっていることは第2章でも詳しく見た通りである。投票の仕方については、利便性を高めることと不正投票を防ぐことのバランスをどのように考えるかという問題である。利便性を少し高めることで、それに伴って少し増す不正のリスクを許容することの是非を国外の事例を踏まえながら議論し、法律を変えていく以外に、現状を根本的に改める方法はない。

一方、選挙情報に関しては、分かりやすさを高めるうえで、政治・選挙情報にどの程度具体的に踏み込んでいくか、また、政治情報あるいは政治家にどれだけ能動的に直接アプローチしていくかということが重要な要素になるかもしれないということが、ハノーバー大学などの実践から見えてきた。政治情報の具体性を高める必要性については、日本の主権者教育においてはこれまでも課題視されている。文部科学省の主権者教育推進会議が二〇二一年にまとめた最終報告書は、高校三年生に対する主権者教育で「現実の政治的事象についての話し合い活動」に取り組んだ割合が三割強（三四・四％）にとどまっていることを指摘し、「主権者教育を推進する上での課題の重大さを示すものである」（主権者教育推進会議 2021: 10）との認識が示されている。梅澤（2022: 20）は「選挙について具体的に考えようとすると、各政党の主義主張や候補者の姿を取り扱わなくてはならず、どの候補者に投票するとよいかの判断を教室で話し合うことに、ためらう教師が多いのではないか」と述べている。中立性との兼ね合いで、あるべき対応が定まらない状態にあるわけである。こうした点を含め、知的障害者向けの投票支援の現場ではどのような課題に直面し、試行錯誤がなされているのか、第2部で見ていく。

第2部　先進地・狛江市の実践から考える

障害者運動においては公民権運動やフェミニズム運動と違い、参政権が主要テーマになってこなかったこと、また、障害者の参政権が議論されるときには身体、視覚、聴覚などの障害者が「主役」になることが多く、知的障害者の存在感は薄かったことを第１部で確認した。第２部では、知的障害者向け投票支援の自治体レベルの先進地である東京都狛江市において、どのように知的障害者向け投票支援の意義と内容が考えられてきたかを明らかにしていく。

また、第１部では参政権・投票につきまとう能力の問題も取り上げ、「有権者としてふさわしい能力」、「政治的判断能力」という認識が広く存在していることも確認した。狛江市における投票支援の関係者の間で、能力の問題がどのように受け止められ、整理されているかも見ていく。

さらに、知的障害者が投票先を判断するための参考情報が一般向けのものでは分かりにくく、不足しているという問題に関しては、第１部で海外の取り組みとして、政党の政策や公約を知的障害者にも分かりやすいように、さまざまな手法でかみ砕いて具体的に提示している事例があることも示したが、公職選挙法の厳しい制約のある日本において、何をどの程度できるのかということも狛江市の事例をひとつのモデルとして整理する。それを踏まえ、知的障害者向け投票支援における情報の分かりやすさについても検討を深めていく。

第4章

狛江市における投票支援の経緯

4-0 本章の目的

本章では、知的障害者向け投票支援の自治体レベルの先進地である東京都狛江市において、なぜ、どのように投票支援が始まったのか、また、知的障害者の支援において選挙を取り扱うという特殊性ゆえに、どのような課題に直面し、対応を検討していったかを見ていく。

選挙時の情報発信においては、公職選挙法の制約が高い壁として立ちはだかっており、障害者のための情報を増やそうという思いが関係者の間にあったとしても、行動を躊躇してしまう傾向が一般的にはうかがえる。行政は公職選挙法に抵触する事態を回避しなければならないという意識が強いため、自治体の主導的役割を期待しづらいのがこれまでの実情だった。やって良いことと悪いことの最終的な判断が自治体や総務省ではなく、警察による取り締まりに委ねられていることも、前向きな取り組みを委縮させる要因になっている。

狛江市の事例を検討することにより、公職選挙法への抵触回避や、立候補予定者の公平な扱いにどのように気を配りながら、情報の充実を実現してきたかをまず明らかにする。これらの検証を行うことで、今後、知的障害者のための選挙情報の充実に乗り出そうとする他の自治体に対し、汎用可能な仕組み・方策を示すことにもつながると考える。本章では、もっとも多くの課題が浮き彫りになった、狛江市での初回の取り組みに焦点を当てる。狛江市は二〇一四年一月、東京都知事選挙を前に、知的障害者向けの「わかりやすい演説会」を開催しており、これが選挙情報充実のための最初の取り組みであった。このとき狛江市がどのように演説会を計画し、どういった態勢・手順で実施したかを詳細に記録するとともに、浮き彫りになった課題と、その後に向けてまとめられた改善点を整理していきたい。

4-1　狛江市の概要

まず狛江市の概要を説明する。狛江市は東京都のほぼ中央に位置し、東京の中心地のひとつである新宿まで電車で約二〇分というアクセスの良い住宅地である。南側は多摩川を挟んで神奈川県川崎市と接している。狛江市の人口は約八万人で、面積は六・三九平方キロメートルと全国の市のなかで二番目に小さい。

狛江市障がい者計画（2021）によると、知的障害があると判定された人に交付される療育手帳（愛の手帳）の所持者は二〇一九年度末時点で市内で四二七人で、最も軽度の4度が二一九人、3度が一〇〇人、2度が九二人、最も重い1度が一六人だった。愛の手帳を持っている人のなかで、介助者がいる人の割合は八七・三％で、そのうち、主な介助者が親である人の割合は五九・一％だった。

また、同計画は障害のある市民などを対象とした意識調査の結果として、今後力を入れるべき障害者福祉サービス等として、回答の多かったものから「住まいに関すること」、「仕事に関すること」を挙げている。

4-2　調査方法

狛江市における投票支援の実践については、これまで動きがあるたびに新聞によって報道されたり、知的障害者の親の会の会報などで報告されたりしており、理念や過去の経緯、事実関係を追うことはできる[17]。ただ、さまざまな取り組みのなかで浮き彫りになった課題の整理や分析は十分記録されていない。そこで、本章では狛江市で二〇一四年に行われた、知的障害者向けの第一回目の「わかりやすい演説会」に焦点を絞り、そのときに演説会の計画や開催に中心的に携わった人物へのインタビューを行った。インタビューを通じて明らかになった演説会の反省点、その後に取った改善策をまとめるとともに、関係者から提供を受けた当時の資料をもとにさまざまな方針決定の経過を洗い直した。
インタビューは二〇一八年五月から八月にかけて実施した。インタビュー対象者の事情に応じて、対面、電話、電子メールと手法を使い分けた。対象者は以下の通りである。すべての対象者から実名での発言の使用許諾を得ている。肩書はいずれもインタビュー当時のもので、※付きの肩書きは第一回わかりやすい演説会が行われたときの肩書きである。
平林浩一氏（狛江市教育部長〔※市福祉保健部長〕）、柴田洋弥氏（※狛江市地域自立支援協議会会長）、森井道子氏（狛江市手をつなぐ親の会会長）、小川正美氏（狛江市福祉相談課長〔※福祉サービス支援室長兼生活支援課長〕）
平林氏と森井氏に対しては、五月一八日に狛江市役所内で両氏一緒にインタビューを行った。両氏はこれまで緊密に連携しながら取り組みを具体化させてきた経緯があるため、インタビューのなかで、両氏の間で記憶を確認してもらう狙いもあった。インタビューは非構造化手法を用い、「そもそもの発端や、最初の演説会へ動き出した流れは？」という質問から始め、狛江市における取り組みの着手からインタビュー日の直近の動きまで、全体の流れや考え方が分かるよう説明してもらった。演説会など個々の催しについては、特に計画段階の意図が狙い通りの結果をもたらしたか、それとも、何らかのずれが生じたかという点を意識的に尋ねた。取り組みを通じて出てきた課題を明確にするためである。インタビューはＩＣレコーダーで録音し、その後、音声データを書き起こした。文字化した内容は両氏の確認を得ている。

小川氏に対しては、六月六日に質問内容を記したメールを送付し、六月二〇日にメールで回答を得た。主な質問内容は、第一回「わかりやすい演説会」に向けた準備の詳細や演説会当日の進行、各登壇者の演説の様子などである。柴田氏とは六月二七日にまず電話で非構造化インタビューを行った。後述するように、柴田氏は狛江市での取り組みに関わる前に、知的障害者向け選挙支援の経験を有しており、どのようなノウハウを持ち、それを狛江市でどう活用したかについて聴き取った。後日、詳細を記録した資料の提供を受けた。

インタビューや提供資料の内容をもとに、以下で狛江市の取り組みの全体像を描き、第一回「わかりやすい演説会」をめぐるさまざまな動きを整理していく。

4-3 狛江市の取り組み

4-3-1 これまでの流れ

まず、狛江市が知的障害者のための投票支援としてどのようなことを行ってきたか、その主な内容を以下に示す。

二〇一三年七月　　参院選に向け、初の体験投票

二〇一四年一月　　初のわかりやすい演説会（一月二〇日）（都知事選二月）

支援カードを作成
二〇一四年一二月　衆院選に向け、わかりやすい演説会
二〇一五年四月　市議選に向け、わかりやすい選挙広報誌作成
二〇一六年五月　市長選に向け、わかりやすい演説会
二〇一六年六月　「くだもの選挙」。リンゴとバナナの模擬投票
二〇一六年一〇月〜　模擬投票などのＤＶＤ製作プロジェクト始動
二〇一七年五月　都議選（七月）に向け、わかりやすい演説会
二〇一七年一〇月　衆院選に向け、東京都第二二区立候補予定者のわかりやすい政見動画
二〇一八年七月　市長選。わかりやすい演説会
二〇一九年四月　市議選に向け、わかりやすい選挙広報誌
二〇二一年一月　「わかりやすい主権者教育の手引き」製本
二〇二一年七月　都議選。北多摩第三区立候補予定者の政見動画配信（六月）
二〇二一年一〇月　衆院選に向け、わかりやすい政見動画と選挙広報誌
二〇二二年六月　市長選。わかりやすい政見動画
二〇二三年四月　市議選。わかりやすい選挙広報誌

この一覧を見ると、狛江市として最初に取り組んだのが体験投票であり、投票の仕方を学ぶ機会の

提供だったことが分かる。選挙での投票方法には厳格な定めがあるうえ、投票所という慣れない環境は知的障害者にとって大きなストレスになってきた。市としてはこの高いハードルを下げ、「投票に行くという行為は自分たちにもできることだ」という思いを知的障害者に体感してもらう狙いがあった。また、体験投票（模擬投票）はその後も継続されているが、その際には市職員が投票所の運営担当者役として参加した。市職員は皆が選挙事務に精通しているわけではないため、体験投票への参加を通じ、知的障害者に対してどのような支援を行えるのかを知る貴重な機会にもなっている。また、市役所では投票事務従事者向けのレクチャーも充実させている。例えば、代理投票については、原則として家族や付添人は投票所で投票記載台へは同伴できないが、当事者が手をつないでいないと不安を感じる場合には、家族や付添人が記載台に背を向ける形で寄り添えることを職員間で確認するなど、投票所でできる支援内容を共有している。二〇一四年に作成された支援カードは、当事者が代理投票を利用したいという意思を所定の用紙で示せるようにしたもので、これを投票所で提示すれば、スムーズな対応を受けることができる。また、障害のある有権者が投票所内で焦ってしまう場合にはいったん案内係の席に座ってもらって落ち着く時間を提供することなどもこれまで確認してきた。このように、狛江市では当事者が第2章で示したようなトラブルに投票所で直面しないよう、数々の方策を講じてきている。

投票先の判断材料となる、分かりやすい情報の提供という面では、「わかりやすい演説会」、「わかりやすい選挙広報誌」、「わかりやすい政見動画」の三つが狛江市におけるこれまでの大きな柱と言える。「わかりやすい演説会」は二〇一四年の初回を皮切りに継続されており、二〇一八年七月の狛江市長選挙でも立候補予定者二人が演説会に出席した。市長選の両候補者はプロジェクターや紙芝居を使うなど、趣向を凝らした演説を行い、会場からは活発な質問が飛んだ。「わかりやすい演説会」はすでに定着している。

「わかりやすい選挙広報誌」は、狛江市議会議員選挙のときに、「演説会を開いていては、候補者が多すぎて時間がかかりすぎる」という考えから、親の会が中心となって企画・実行したものである。このときには、これに先立つ都知事選の際に「わかりやすい演説会」の開催を経験しており、演説会にふわさしい候補者数についてのイメージが明確になっていたわけである。関係者の意見交換のなかでは、知的障害者が無理なく聴けることを考慮すると、演説者数は多くて四人程度という考えが提示されている。「わかりやすい選挙広報誌」は、演説会に代わる、分かりやすい情報提供の応用編として当初、位置付けられていたと言える。

そして、「わかりやすい政見動画」は、「わかりやすい演説会」の進化型である。二〇一七年の衆院議員選挙の際は、小選挙区東京都第二二区の立候補予定者に対し、公約について三分間の動画制作を依頼し、その動画のURLを狛江市市民活動支援センターのホームページ内にある狛江市手をつなぐ親の会のページに掲載し、公開した。立候補者四人のうち、三人が依頼に応じるという結果となった。平林氏はインタビューに対し、「ネットに上げれば、全国に伝わる。狛江だけで完結しないので、こちら（動画）に移行しようと考えた」と述べている。つまり、候補者にとっては、狛江市の有権者だけでなく、全国にメッセージが伝わるため、依頼に応じる動機が強まるのではないかという見方を平林氏は示した。二〇二〇年からの新型コロナウイルスまん延で人が集まる演説会が開催しづらくなったなかで、政見動画は演説会の代替策として有効に機能した。本来であれば、「わかりやすい演説会」が行われるはずの二〇二二年狛江市長選挙では、立候補者二名が三分間の動画を作成し、当事者が分かりやすい公約情報にアクセスするする機会が確保された。

このように、狛江市では分かりやすい選挙情報の発信方法に展開が生まれているが、さまざまな課題が浮き彫りになったのは第一回の「わかりやすい演説会」のときである。このあと、その流れを追っていく。

4-3-2 着手の背景

狛江市が知的障害者のための投票支援を始めたきっかけは、成年被後見人の選挙権回復[18]（公職選挙法の一部改正、二〇一三年六月三〇日施行）である。狛江市福祉保健部長だった平林（2016b: 6）は、公職選挙法改正の契機となった東京地裁判決で裁判長が述べた「どうぞ選挙権を行使して、社会に参加してください」という言葉を引用した後、「現実的に成年被後見人や知的障害のある人が選挙権を行使できるのだろうかということに疑問を感じました」と記している。こうした問題意識が狛江市における二〇一三年七月の最初の体験投票実施につながったわけである。

平林氏はインタビューに対し、初回の体験投票を終えた後の関係者とのやりとりを振り返りながら、新たな問題意識として、「『候補者を選ぶにあたって、知的障害者のためにどんな情報があるの？』となったときに、そこはまだ不足しているね、ということになった」と語っている。体験投票だけでなく、「わかりやすい演説会」を開催する必要性も認識することとなり、その後の体験投票と「わかりやすい演説会」という二本立てによる継続的な取り組みにつながったわけである。狛江市の投票支援でしばしば言及されるキャッチフレーズは「投票のバリアフリー」と「選挙情報のバリアフリー」である。前者はつまり、体験投票を通じて投票行為のハードルの高さをなくし、実際の投票所で投票しやすくするというものである。後者は、候補者や選挙公約についての健常者向け情報が難解すぎて、知的障害者にとっては手が出せないなかで、「わかりやすい演説会」などを通じて、知的障害者に判断材料を提供していこうというものである。狛江市が取り組みの早い段階で、この二つを両立させたことも大きな特徴と言える。

このような実行力の背景として、狛江市には人材が揃っていたことが事実としてある。最初のキーパーソンは平林氏である。平林氏は一九八二年に狛江市役所に入り、広報や財政、企画調整など幅広い部門に所属したが、一九九一年四月から一年間、当時の自治省選挙部管理課に出向した経験がある。ここで、選挙争訟を担当したほか、第八次選挙制度審議会の事務に携わり、小選挙区の区割り案や、小選挙区比例代表並立制を中心とする政治改革法案のとりまとめに関わった。その結果、平林氏は選挙制度や公職選挙法の運用について、自治体職員としてはかなり精通することとなった。

ところで、「障害者と選挙」の問題を考える際にしばしば課題になるのは、役所内の福祉部門と選挙管理部門の間で、意思疎通と合意形成が進まず、思い切った政策が打ち出しづらいことである。その点、平林氏は自治省への出向で専門知識と経験を積み、そのうえで、市役所で福祉保健部長を務め、自分ひとりで選挙と福祉の視点を兼ね備えたという特殊性を有している。

もう一人は、狛江市地域自立支援協議会の会長を務めた柴田洋弥氏である。柴田（2013）によれば、柴田氏は、「選挙のお話を聞く会」を続ける東京都国立市の知的障害児・者施設、滝乃川学園で一一年間、成人部の指導員として勤務し、施設利用者の選挙権行使の支援に取り組んだ経験を持つ。狛江市で第一回目の「わかりやすい演説会」が企画・実施された際には、柴田氏の提案やノウハウが大いに生かされたことは、インタビューに答えた関係者の一致した証言で確認されている。

さらなる重要人物として、狛江市手をつなぐ親の会の森井道子会長の存在も極めて大きい。森井氏は二〇〇四年から親の会の会長を務めているが、第一回目の「わかりやすい演説会」以降、市役所との調整役を一手に担っている。演説会の開催時には、立候補予定者への案内や会場の確保、障害福祉サービス等事業所との連絡などを中心的に担い、「森井氏がいなければ、段取りが進まない」という状況が、関係者の間で危機感を持って語られるほどになっている。こうした人たちが、狛江市における急速な取り組みの展開を支えてきた。

4-3-3　第一回わかりやすい演説会に至る経過

二〇一四年の第一回「わかりやすい演説会」は、東京都知事の猪瀬直樹氏が医療法人「徳洲会」グループ側からの資金受領問題で引責辞任したことを受けて実施されることになった知事選の際に行われた。演説会及び選挙に至る大まかな流れを以下に示す。

【二〇一三年】

一二月一九日　猪瀬知事、都議会議長に辞職願を提出

二五日　都選管、翌年一月二三日告示、二月九日投開票を決定

【二〇一四年】

一月　六日　狛江市地域自立支援協議会と市福祉保健部、「わかりやすい演説会」の一月二〇日開催決定

一月二〇日　演説会

一月二三日　告示

二月　九日　投開票

ここから明らかになるのは、演説会準備のための時間が極めて限られていたということである。都知事選の選挙期日が一月二三日告示、二月九日投開票と正式に決まったのが一二月二五日。そこから年末年始を挟んで一二日後に狛江市の自立支援協議会と市福祉保健部が「わかりやすい演説会」の開

催とその日時を決定している。開催日程を決めた日から演説会の開催までは二週間しかなく、日程は極めてタイトである。

当時、狛江市の福祉サービス支援室長を務め、演説会準備をサポートした小川氏はインタビューに対し、「突貫工事でしたので、課内の職員総動員で対応していました」と振り返る。開催決定に際し、福祉サービス支援室は自立支援協議会の柴田会長（当時）の考えを聴き取りながら、演説会の企画書「東京都知事選挙に向けた立候補予定者による障がい者に対する『わかりやすい演説会――狛江』の実施について」を作成した。Ａ４用紙二枚からなる企画書には、一連の取り組みの原点とも言える開催の目的が明確に記されている。主要部分は以下の通りである。

体験投票を実施した中で、選挙候補者の選挙演説は必ずしも知的障がい者等に向けた演説となっておらず、また、選挙公報も知的障がい者等には理解することが難しいものから、本人の意思決定が困難であることが課題として挙がった。

このようなことが保障されることは、今まさに批准されようとしている障害者権利条約の趣旨を具現化するものであり、かつ、民主主義社会は日本国民があたりまえに生活し、社会参加の保障を享受することであることに鑑み、立候補予定者から直接わかりやすい言葉で話していただき、自らの意思決定支援に繋げていくことが必要であることから、今回『わかりやすい演説会』を実施し、より一層の障がい者等の社会参画に繋げていくものである。

また、開催まで二週間という急な企画の決定になったが、決定段階で、会場として一般財団法人狛江市文化振興事業団が運営する七二八席のホールを押さえ、各立候補予定者の演説は一〇分程度、質疑応答・感想を五分程度にすることなど、タイムスケジュールの詳細を固めた。主催は市地域自立支援協議会だったが、市役所側が準備を力強く後押ししたことで演説会実現にこぎつけることができたと言える。

4-3-4　演説会の内容・結果

このときの都知事選挙には最終的に一六人が立候補したが、狛江市の「わかりやすい演説会」には六人の立候補予定者・陣営が参加した。数だけを見れば少ない印象だが、結果的に得票率のトップ3に入った人・陣営はいずれも何らかの形で参加しており、この演説会の重要性や意義は認識されていたと考えて良いと思われる。当選した舛添要一氏は東京都外への出張と重なったため、演説会に書面メッセージを寄せ、次点だった宇都宮健児氏は本人が出席した。三位に入った細川護熙氏については、本人は出席できなかったが、代理として佳代子夫人が来場し、演説を行った。

主催者側は参加した立候補予定者に対し、演説一〇分、質疑応答五分ということを事前に伝達した。また、演説内容については指定はせず、「知的障がい者等に理解しやすい言葉で、お話しください。チラシの配布やビデオ上映等も登壇時間内であれば可能です。また、登壇者だけでなく、複数の方が直接参加者に接する方法も可能です」という留意点を登壇依頼文に記す形で伝えた。

柴田氏の話によると、演説時間については、一〇分を超えると話が冗長になり、話題も拡散し、聴く側にとって分かりにくくなる恐れがあったため、一〇分に制限した。また、「複数の方が直接参加者に接する方法も可能」としたことに関しては、柴田氏が経験した滝乃川学園での演説で、ひとつの陣営から複数人が来て、障害者と握手したり、着ぐるみを着る人がいたりと、趣向を凝らしていたケースがあったため、こうしたことを認める意味だったと説明している。立候補予定者が自分の政策を知的障害者に分かりやすく伝えようと工夫する際、取り得る選択肢は多いほうがいい、というふうに柴田氏は話している。

このときの「わかりやすい演説会」には、市内の知的障害者を中心に約二〇〇人が聴きに訪れた。

4-4 明らかになった課題

4-4-1 時間的制約

すでに少し触れたように、選挙に際して、「わかりやすい演説会」をいざ開こうとすると、時間との闘いが最大のネックになる。演説会は投開票日の直前まで設定できるわけではなく、公職選挙法[19]との絡みで、第三者による演説会開催は公示・告示日の前までには終えてしまわなければならないと判断されるためである。

立候補予定者を招いて演説会を開こうとする場合、通常なら、開催の正式決定前に関係者・機関との調整に大きな労力と時間がかかる。それを考えると、開催の意欲があっても、準備がとても整わないと感じてしまい、行動を起こせないという結果になったとしても不思議はない。

小川氏はインタビューに対し、「自立支援協議会主催で本事業を行おうとすれば、本来は全体会を開催し、事業実施について委員の皆様に諮る必要がありました」と振り返るが、実際のところ、そのような時間的余裕はなく、このときは協議会の柴田会長と狛江市福祉保健部長以下職員数名との話し合いで演説会開催を決めるという特例的な迅速対応を取った。これが一月六日のことで、翌七日には、柴田会長名で自立支援協議会の全体会（メンバー一五人）委員に宛てて、演説会開催の予定を知らせる文書を送付した。柴田氏はこのなかで、「本来であれば、全体会の場において本件を議題としたうえで賛否の旨を決するところ」であると認め、期日が迫るなかでのやむを得ない判断だったと理解を求めた。演説会については「障がい者の方が投票を行うにあたっての意思決定支援の一助」にしたい考えを強調した。市役所によると、結果的に、全体会委員の全員から開催に賛同するとの回答が得られたという。

ここまでたどり着くのも容易ではないが、次は立候補予定者への登壇依頼という課題がある。演説会は告示前に実施するため、立候補者の名前はまだすべて表に出てきているわけではなく、立候補の正式な届け出は誰も済ませていない。あくまで立候補「予定者」の段階である。理論上、告示直前まで立候補の新たな動きはあるため、立候補予定者の把握は簡単ではない。

柴田氏の話や当時のメモ書きなどによると、自立支援協議会全体会委員の賛成を得て、自立支援協議会の主催による演説会開催が確定したのが一月九日。柴田氏はこの日から、立候補の意思が明らかになっているすべての人に電話とファックス、手紙で登壇依頼を開始した。演説会まであと一一日の時点のことである。柴田氏はインタビューに対し、「政界とパイプはないので、登壇依頼がやりやすいということはなかった」と語った。インターネットで立候補予定者の情報や連絡先を探し、その人の事務所に連絡を取るケースが多かったという。「表玄関」からの地道な依頼である。

柴田会長名で立候補予定者に出した一月一七日付の登壇依頼文には、「知的障がい者等にとっては、通常の選挙演説は理解が難しいため、候補者から直接にわかりやすい言葉で話していただき、ご本人（知的障害者のこと：筆者注）が自らの意思で候補者を選べるような機会は大変重要」と訴えている。そのうえで、「障害者権利条約の趣旨でもある『保護の対象から権利の主体へ』を具現化する試みとしても、この企画は注目されるものと思われます」と理解を呼びかけている。こうした訴えの結果、演説会の開催日直前までに主要な立候補者から回答を得ることができた。

任期満了に伴う選挙であれば、事前の準備がしやすいが、このときのように首長の急な辞職や議会解散を受けた選挙となると、時間の余裕はまったくなくなる。演説会までにすべての段取りを終えるには、通常の手続きを度外視した迅速な方針の決定に加え、積極的に準備に関われる人たちだけを揃えたコンパクトな実働部隊の編成が不可欠であることが、狛江のこの事例からうかがえる。

4-4-2　代理演説の是非

第一回目の「わかりやすい演説会」では、立候補予定者の代理者による演説を認めたため、細川護熙氏の佳代子夫人が演説することになった。代理演説を認めた理由について、柴田氏は「都や国レベルの選挙になると、本人の調整がなかなかつかないと考えられたため、代理もありと判断した」と述べた。狛江市福祉サービス支援室長だった小川氏は「要は候補者の政策が分かりやすく伝わればよいのであって、ご本人の直接登壇がすべてではないと考えていました」と、当時の立場を説明した。

代理演説を聴いた後、主催者側のこうした考えに変化が生じることになる。佳代子夫人は福祉に造詣が深く、障害者とのふれあいに慣れていたこともあり、演説は分かりやすく、好評だったという。それだけに、代理演説の問題点が浮かび上がった。親の会の森井会長はインタビューに対し、「細川夫人はお上手でしたけど、細川さん本人ではないですよね」と指摘する。投票先を判断するうえで候補者の人柄は重要な要素であり、その人柄を知るには、代理者ではなく候補者本人の息遣いや説明の仕方を直接聴いて感じる必要があるという結論に至ったわけである。「佳代子夫人の演説が良かった」という感想は、あくまで佳代子夫人に対する評価であり、これが立候補者である細川氏への投票につながる、あるいは、つなげるということは、できれば避けるべきである。こうした振り返りの議論が演説会開催に携わった人たちの間で行われ、その後、「代理は認めない」という方針が徹底されることになった。

4-4-3 演説テーマ

第一回演説会では、参加する立候補予定者に対し、聴衆が知的障害者であり、分かりやすい言葉で演説するよう求めただけで、演説テーマは設定しなかった。森井氏はその結果、「(演説会では) いろんな話に広がってしまって、聴いているほうもはっきりと分からない人もいました」と反省を口にした。これを受け、主催者側としては、知的障害者にとってより身近な話題に焦点を絞ったほうがいいと考え、次回からは演説会での演題を福祉の問題に限定することとした。

しかし、その後、演説テーマは再び立候補予定者の判断に委ねられることになる。その背景について森井氏は「(知的障害者は福祉のことだけでなく) 家族や仲間やもっとみんなのこと、世の中のことを幅広く心配に思っていたのです。福祉に絞るのは、むしろ私たちの思い込みだったと気が付きました」と述べた。つまり、支援者を含め、知的障害者の周囲の人たちが、外から障害者の関心をせばめてしまうことがあってはならないという思いが明確になったわけである。

演説テーマを設けないことで話題が拡散してしまうという問題は、立候補者が多く、争点が多岐にわたる東京都知事選の特性ゆえに生じた面があるともいえる。事実、その後の狛江市長選で、演説テーマを設定せずわかりやすい演説会を行ったときには、都知事選の第一回演説会のときのような問題は起きず、福祉だけでなく防災など、知的障害者にとっても理解しやすい争点が取り上げられていた。

一方、第一回演説会で、知的障害者の特性や聴きやすい演説の手法について、事前に立候補予定者に情報を提供しなかったことは、主催者側にとって反省材料となった。森井氏は、演説を行ったある立候補予定者について「勘違いというか、先入観ですね。障害者はこういうものだというのがどこかにあって、ものすごい大きな声ではっきり言わなきゃと思って、やった人がいた」と振り返る。

そこで主催者側は第二回目の「わかりやすい演説会」では、事前に立候補予定者に対し「知的障がい者の選挙権行使のための支援のあり方ハンドブック」を作成し、配布した。A4版の一〇ページで構成され、まず知的障害者の特徴として「複雑な話や抽象的な概念は理解しにくい」ことなどを記し、写真や絵の使用が有効であること、指示代名詞は避け具体的な名称を挙げることが大切であることなどを説明した。また、表現方法の解説としては、「食欲不振」という言い方ではなく、「食欲がない」、「ご飯を食べたくない」に置き換えることや、「暑さによって睡眠不足になることも少なくない」という、込み入った言い方や二重否定を避け、「暑さによって睡眠不足になることもある」というように言い換えることなど、具体例を示しながら分かりやすく伝えている。

なお、狛江市手をつなぐ親の会は二〇一六年、狛江市役所などの協力を得て、模擬演説会や模擬投票などの内容を盛り込んだ投票支援DVDを製作して一般販売を開始し、二〇二二年にはNHK「みんなの選挙」のサイトを通じて動画と資料が公開された。この取り組みの目的としては、投票方法についての知的障害者の事前学習や、投票支援を行う自治体職員の研修用に使えるだけでなく、知的障害者に向けて演説する人に気づきと学びの機会を提供するという狙いも込められていた。

4-4-4 「泡沫候補」の扱い

第一回演説会では立候補予定者一六人全員に登壇依頼を出し、参加の意思を示した人全員に参加してもらう形になった。主催者側が登壇者をある程度絞る考えも当初あったが、演説会が自立支援協議会の主催で、市役所の支援を受けるという公的な色彩がある以上、「排除はダメ」(平林氏)という方針でこのときは落ち着いた。

ただ、立候補者の多い選挙では、当選の見込みが極めて低く、公約の実現可能性もはっきりしない、いわゆる「泡沫候補」が出てくる傾向があるのも事実である。柴田氏らによると、第一回演説会には、そういった立候補予定者も出席して演説し、売名行為とも思われる不適切発言を行ったり、約束の演説時間一〇分を大幅に超えて話し続けたりするケースも見られたという。

森井氏によると、泡沫候補の大風呂敷を広げたような話や奇抜な振る舞いに知的障害者の意識が向かい、彼らのアピールが刷り込まれ、その候補者に投票してしまわないか、という不安が保護者から演説会前に寄せられていたという。結果的に、保護者が懸念するような演説が一部で展開されたのは事実のようである。

ただ、主催者側はこうした結果も踏まえたうえで、やはり今後も原則として、全ての立候補予定者に登壇を求めることが望ましいという方針を維持することにした。理由のひとつは、知的障害を持つ人たちの判断力を信頼し、尊重するということである。森井氏は「何回か演説会をやるごとに、みんな(聴く側の知的障害者:筆者注)慣れてきて、よく見ている。分からないとこちらが思っているのは間違い」と感じるに至ったと語った。

もうひとつの観点として、市福祉サービス支援室長だった小川氏は「泡沫候補と世間では言われていても、障がいのある人たちの意思決定支援としては、事前に候補者を選ぶという行為はいかがなものかとも思います」と指摘している。泡沫候補とされる人も正規の手続きを経て選挙に出る人である。主催者側が知的障害者への「悪影響」を心配して、演説を聴く機会を摘んでしまうとしたら、意思決定支援どころか、意思決定の制限になりかねないわけである。

それに、そもそも泡沫候補を演説会に呼ばないという判断になったとしても、では「誰が泡沫候補なのか」、「泡沫候補の定義とは」という問題を突き詰めて考えると、候補者の線引きは極めて困難になってしまうだろう。

こうした議論から「登壇依頼は全ての立候補予定者に」という基本方針が維持されることになったが、「候補者の不適切かつ長時間の発言を制限する術を検討していなかった」（小川氏）という反省は残った。実際には起きていないが、立候補予定者が演説のなかでヘイトスピーチなどを展開することも可能性としては考えられる。表現の自由に照らして、どのような発言は容認できないかを具体的に詰め、その発言が飛び出した場合の対応を決めておくことの必要性を指摘する声もインタビュー対象者から上がった。

4-4-5　自治体の関与のあり方

第一回演説会の主催は狛江市地域自立支援協議会であり、企画・準備や当日の運営を狛江市役所の担当部署が強力にサポートする形だった。当時の自立支援協議会会長の柴田氏が演説会のアイデアとノウハウを持っていたため、「柴田会長のいる自立支援協議会で行うのは必然」（小川氏）だったが、後から冷静に振り返ると、実施主体をどこにするかという判断に危うい面もあったというのが市役所の評価である。当時福祉保健部長だった平林氏は、知的障害者の投票支援に率先して積極的に取り組んできた人物だが、それでも第一回目の運営について「いろんな批判があることは確かですよね」と認める。

まず行政の基本的立場についてであるが、平林氏の説明によると、市役所は選挙事務を担っており、選挙における中立性は絶対守らなければならない。平林氏は「（『わかりやすい演説会』は）告示前に開催する必要があることから、技術的にどうしても途中で（演説会に参加できる）立候補予定者を締め切ることになります。そのために、その後に立候補した人間を排除する結果となってしまいます」と述べ、「わかりやすい演説会」はすべての立候補者を公平に扱うことを必ずしも担保できない仕組みになっている点が課題だとみる。そうした性質を持つ演説会の開催において、市役所が前面に出てしまうことは、中立を旨とする行政にとっては問題をはらむということである。

第一回演説会は主催が市役所ではなく、自立支援協議会であり、その点、一見したところ問題はなさそうである。だが、自立支援協議会の事務局機能が市役所内にあることがネックになったわけである。例えば、立候補予定者に宛てた演説会への登壇依頼文は、自立支援協議会の柴田会長の名前で送付されているが、連絡先は「狛江市福祉サービス支援室内　狛江市地域自立支援協議会事務局」になっていた。電話番号は市役所の代表番号で、担当者名は当時の福祉サービス支援室長の小川氏の名前が記載されている。市役所が主催あるいは主催者の一部とも読み取られかねないスタイルである。「そこはちょっとグレーじゃないかということで、疑念を払しょくさせるために、主体を変えた」（平林氏）のが第二回以降である。第二回目からは主催が自立支援協議会ではなく、手をつなぐ親の会になった。これにより、行政は表向きは「わかりやすい演説会」などへの直接的な関与をやめた。ただその後も、公職選挙法の解釈の助言や、模擬投票での連携など、市役所が親の会に対し、極めて前向きな後方支援を続けていることは確かである。主催の変更は、市役所の立場を踏まえたうえでのテクニカルな対応と言うことができる。

4-5 小括

狛江市の投票支援に中心的に携わった人々の聴き取りを通じ、狛江市の第一回「わかりやすい演説会」における実務上の最大の課題として明らかになったのは時間的制約である。公職選挙法の規定のもとでは、公示・告示前に「わかりやすい演説会」を開催してしまわなければならず、突然の選挙となれば、演説会実施に向けた速やかな意思決定と手際よい準備なしには演説会の実現にこぎつけるのは困難であることも分かった。開催日が迫るなかで、一定の収容能力のある開催場所を慌てて確保しなければならないという初歩的な課題も思いのほか大きい。より多くの障害者に来てもらうためには、親の会だけでなく、障害者施設などからも理解を取り付けておく必要がある。また、参考になる前例がない状態での開催となれば、公職選挙法をどう解釈すればいいか、戸惑うことが大いにあり得るため、法律の運用に慣れた自治体のサポートをどれぐらい得られるかがカギとなる。演説会場を探したり、立候補予定者とのコンタクトの糸口を見出したりするうえでも、自治体が非公式な形で協力することが不可欠であり、自治体との連携の深さが演説会の成否を左右することすらあり得ることも狛江市の事例から見えてきた。狛江市が選挙における知的障害者向けの分かりやすい情報提供に全国に先駆けて着手できた背景としては、市役所幹部の平林氏、経験のある柴田氏、親の会の森井氏らの存在が大きい。三氏が持ち寄った専門知識、ノウハウ、ネットワーク、強い問題意識なしには最初の演説会の開催は難しかったであろう。この最初の経験と共有された理念を土台にして、その後、狛江市では市役所、親の会、社会福祉協議会、福祉施設などが連携を強めながら協力のスタイルを確立し、投票支援のプログラム充実を図っていくことになった。

「わかりやすい演説会」においては、演題をどうするのか、また、登壇者を選別していいのか、という課題も浮き彫りになった。いずれも知的障害者が得られる選択肢の数や内容に密接に関わるため、慎重な判断が求められる。登壇者の選別に関しては、狛江市は原則、立候補予定者全員に参加依頼を出すという方針になったが、他方で、知的障害者は演説会が長時間に及ぶと集中力を持続できないため、演説者は多くて四人程度が限界という見方も主催者側のなかにあり、今後、立候補予定者が多数に上る選挙で演説会を企画する際には、議論になる可能性がある。これまでの対応としては、立候補予定者の多い市議選では紙媒体である「わかりやすい選挙広報誌」の作成に切り替えられることになった。

本来、演題を含む演説会の実施方法については、主たる聴衆である知的障害者の考えが第一に尊重されるべきであるが、主催者側としては、知的障害者のニーズを明確にはなかなか集約しづらいのが実情である。知的障害を持つ人々の意見をどのように吸い上げて取り組みの効果を見極め、その後の投票支援に反映していくかという点は、狛江市の主催者側にとって対応の難しい課題であり続けている。演説会で立候補予定者に語ってもらったり、広報誌に書いてもらったりするテーマをどうするかについての検討においては、第一回目の演説会以降、投票支援の主催者側が当事者のニーズを探りながら試行錯誤を重ねている。この点については第9章で改めて取り上げる。

最後に、狛江市が知的障害者向けの投票支援に着手した動機としては、投票先の判断材料となる情報が不足していては、投票する権利を行使できないという問題意識があったことが調査を通じて分かった。また、選挙において分かりやすい判断材料を提供することは、知的障害者の意思決定を支援することであり、また、投票行為の促進を通じて知的障害者の社会参加を進めていく必要性の認識も取り組みの初期段階で示されていたことが明らかになった。

第5章

日本の投票支援のルーツ

5-0 本章の目的

本書の第2部は投票支援の先進地である東京都狛江市の事例を集中的に取り扱っていくが、本章では現在の狛江市の投票支援につながる先行事例である知的障害児・者施設、社会福祉法人滝乃川学園（東京都国立市）の取り組みに焦点を当てながら、日本における初期の積極的な知的障害者向け投票支援がどのような経緯で着手されることになったのか、動機や背景を明らかにする。滝乃川学園は一九七〇年代に知的障害者に対する体系的な投票支援を国内で最初に行ったとされているが、学術的に注目されることは少なく、この取り組みがどのように始まったかははっきりしていない。滝乃川学園の取り組みは日本における投票支援の源流のひとつとみなされており、本章の調査を日本における知的障害者に対する投票支援の系譜を整理する第一歩とも位置付けたい。

一方で、社会事業史研究においては、歴史ある福祉施設の取り組みが創始者の理念をもとに語られる傾向が強い。一八九一年に設立された日本最初の知的障害児・者の施設である滝乃川学園に関しても、創設者である石井亮一や妻・筆子の思想、また彼らが重んじたキリスト教精神に目が向きがちであり、「石井亮一の遺徳をたたえることに終始するような叙述が生産されやすかった」（西脇 2017: 124）。これでは、施設において一般職員が担った、時代ごとの動きの背景が見えなくなりかねない。立岩（2018b: 206-207）も「定番な人たちをあげてなにか歴史を語ったつもりになるのはよくないと思う。人を語り、その人たちが肯定されるべき人たちであるということから零れるものがある」と指摘している。

本章の調査においては、滝乃川学園における投票支援という特定の動きに着目し、これに関わった当時の職員らの問題意識や取り組みを丹念に拾い上げることで、施設の歴史の語られ方に新たな視点を提示することも試みたい。

5-1 国内の投票支援の動き

5-1-1 一九七〇年代の状況

狛江市の投票支援は行政が中心的役割を果たしたケースだが、施設単位の取り組みとしては、全国を見渡すと、一九七〇年代には限定的な投票支援が一部で行われていたようである。一九七七年八月発行の財団法人日本精神薄弱者愛護協会（現・日本知的障害者福祉協会）月刊誌「愛護」は、無作為に選んだ全国二〇数カ所の成人施設に投票支援などについて照会し、一二施設から得た回答を紹介している。

それによると、投票支援の内容にはばらつきがあるが、例えば、選挙公報や候補者写真の掲示、公報の読み上げ、選挙の仕組みや意義の説明、政見放送を視聴する機会の提供といったものがあった。一部では模擬投票も行っていた。投票支援に関しては「権利の当然の行使として（中略）全員投票に参加するのが目標である」と考える施設もあれば、「かれらの持っている一票を、だれかが自分の一票にしようとする心を持つことのほうを恐れる」として、職員などが利用者の投票先を誘導してしまう懸念から、投票支援を躊躇する施設があったこともうかがえる。

5-1-2　滝乃川学園の体系的支援

この時代に体系的な投票支援に動き出していたのが滝乃川学園である。柴田（2013）などによると、滝乃川学園における投票支援は一九七四年に始まった。この年の参議院議員選挙の際に、事前に学園内で投票練習できる機会を設けたうえで、施設利用者が実際の投票に行くのをサポートしたのが最初である。これ以降、模擬投票や投票所への引率のほかに、選挙の仕組みや候補者の公約を職員が解説したり、施設利用者自身による自主的勉強会が開かれたりするなど、投票に関するプログラムは充実していった。学園の職員が知的障害者の選挙権について認識を深めるための学習会も並行して行われていた。

また、滝乃川学園は当初、所在地である国立市の選挙管理委員会と連携を進め、代理投票を利用する際に独自の「二回指差し特定法」を採用することで合意を得ている。これは、投票所で選挙公報（顔写真入り）に掲載された特定の候補者を本人に指差してもらって投票先を確認する方法だが、一回だけでは偶然指差した可能性を排除できないため、最初の指差しの後に選挙公報をいったん閉じ、再び広げて二回目も同じ候補者を指させば、本人が望む投票先が確認できたと判断しようという考え方である。こうした方法を市選管との間で確認し、投票環境を整えたことで、施設利用者にとって投票に行くことのハードルが大幅に下がることになった。

滝乃川学園のもうひとつの際立った投票支援プログラムは、一九八一年に始まった「選挙のお話を聞く会」である。この会では、地方・国政選挙を問わず、選挙の際に立候補予定者に来園してもらい、公約などについて施設利用者に直接語りかけてもらっている。国政選挙では立候補者の代理者が来園することが多いものの、施設利用者にとっては、立候補者の考えだけでなく、表情や肉声に直接触れることもでき、投票先を判断する貴重な機会として定着している。

滝乃川学園が行ってきたこれらの投票支援内容については、元職員らが書いた記事や報告書（柴田 2013 など）から詳細まで確認することができる。ただ、こうした取り組みが当時、なぜ、どのような背景で始まったかは見えてこない。本調査ではこれを明らかにする。

5-2 調査方法

滝乃川学園における投票支援の大きな動きは、施設利用者による最初の選挙権集団行使（一九七四年）と、第一回「選挙のお話を聞く会」（一九八一年）の開催と言える。この頃に学園で働き始め、その後、投票支援担当や組合委員長、管理職を務めた人物五人から聴き取りを行った。五人は一九七一年から一九八一年の間に学園に採用され、入職時にはいずれも二〇歳代だった。五人のなかには狛江市が投票支援に着手する際にノウハウを提供した柴田氏も含まれている。聴き取りでは、各人物が学園で働くことになる経緯や問題意識、当時の学園の様子や取り組み、投票支援につながる動きを中心に尋ねた。また、当時の幹部（故人）を知る他の関係者からも話を聴き、事実関係などの検証を行った。聴き取りは二〇二〇年五月から七月に電話及び対面で行った。

以下の結果では、二〇一一年発行の滝乃川学園百二十年史に記載された当時の多様な取り組みを投票支援の観点から再構成し、聴き取り内容で立体化しながら、投票支援につながった考え方を描き出す。なお、本章で百二十年史から引用を行った場合、例えば、同書の一二九ページからの引用であれば、「(百二十年史 129)」という形でページ数を示す。

5-3 結果

調査結果の概要をまずまとめると、投票支援の動きは、聴き取り対象者をはじめとした若手職員が主導していったことが分かった。当時は東京都の政策などを背景として、滝乃川学園で若手職員の採用が増加しており、聴き取り対象者の多くもこうした流れのなかで学園での仕事を始めることになっていた。また、彼らは入職前、学生運動や障害者運動に積極的に関わっており、挫折を含むそこでの個人的体験が滝乃川学園での仕事に対する強い動機付けとして作用していた。学生運動に参加したC氏は「非妥協性はあの時代、すごく大事な概念のひとつだったかもしれない。やっぱり絶対妥協しちゃいけないっていう（思いがあった）」、「原則的に生きようとすることが好きな人たちが多かったです」と述べ、若手が学園運営で年長の職員に遠慮することなく、改革を求めていったことを振り返っている。当時結成された組合は、こうした若手職員が団結して意思表示していく場として機能した。

一方、投票支援の必要性を認識するに至った若手の問題意識としては、それまで学園利用者の生活も教育もすべて学園施設内で完結し、地域と隔絶していたことへの疑問があった。「地上天国を形成していこうとしていた面があるのではないか。（施設利用者も）基本的人権の保有者じゃないのか」（C氏）との思いを若手職員は強めていったという。彼らは障害者問題をめぐる社会動向やノーマライゼーションの国際潮流に歩調を合わせ、ときにはそうした動きを先取りしながら、施設利用者の生活改善や就学、就労を進めていった。それらの土台には施設利用者にも一般市民同様の「ふつうの暮らし」を実現しようという意識があり、ここから投票支援も生まれた。

5-3-1　当時の学園

まずは当時の学園の状況を確認する。滝乃川学園と言えば、設立時からキリスト教（聖公会）の信仰を重んじており、百二十年史にも、今回の調査対象期間に近い一九六八年度の運営方針として「キリスト教の精神に基き精神薄弱児（者）を保護、育成」（百二十年史 1275）すると記されている。この当時も学園理事会や現場の幹部に聖公会関係者が入っており、職員のなかにキリスト教徒もいたが、実際のところ、キリスト教精神に基づく創立理念は必ずしも現場に息づいていたわけではなさそうである。理事会が現場に運営方針や理念の徹底を強く求めてくることもなかったようで、A氏は聴き取りに対し、「礼拝があったのは確かですけど、キリスト教精神がどうのこうのというのはなかったですね、職場には。（キリスト教が）そんなに滝乃川学園に理念的に浸透するとかいうことはなかった」と回顧している。また、当時、一部には「公的な福祉に宗教を持ち込むな」という意見もあり、生活のなかでお祈りの機会を減らす動きもあったようである。

一方、一九六〇年代の職場環境に関しては、長時間労働で待遇が悪く、職員が定着しない状態が続いていた。百二十年史は昭和三〇年代（一九五五〜六四年）までは「国の最低基準が低いため、職員定数が少なく、加えて給与・勤務条件が悪いために職員の充足率も十分でなかった」（百二十年史

1303）と記している。一九七一年入職のA氏は聴き取りに対し、当時のことを以下のように振り返っている。

（創立者の）石井亮一先生のご存命の頃はすごく先進的な取り組みをされてたんですよね。でも、やっぱ戦後になって、非常に経済的にも貧しかった。職員もなかなか集まらない、専門性も育たないなかで、質が随分落ちたんだと思うんですね。

石井亮一の後を継いで二代目学園長になった妻・筆子は一九四四年に死去しており、その後しばらくは筆子の薫陶を直接受けた職員が残っていた。だが、柴田氏は「私が入った一九七〇年代はもうそんな人はいなくなっていた」と述べ、職員のなかには職業倫理を十分重んじず、施設利用者への対応に問題のある人も一部いたことに言及している。

こうした状況が好転していくひとつのきっかけとして、外部環境の変化があった。革新系の美濃部都政（一九六七〜七九年）の誕生である。百二十年史は「美濃部都政の誕生後、児童処遇費のアップもさることながら、職員の待遇についても、人員増や給与改善等が行われた」（百二十年史 1303）と記している。そして、一九七〇年頃以降、従来の寮内住み込み制から別棟の職員宿舎の利用や施設外からの通勤が認められるようになるなど、勤務環境が徐々に改善していった。その結果、滝乃川学園で意欲ある新しい若手職員が増えていった。

表１　滝野川学園における投票支援開始前後の動き

	国内外の動き	施設の取り組み	職員の動き
1967			若手職員に理解ある聖職者、学園付司祭に
1968～69	東大闘争		
1970		成人部設置	上記の聖職者、成人部施設長に(71年～児童部施設長)
1971	・精神遅滞者の権利宣言 ・国立市の福祉会館内に訪問学級開設	・組合結成 ・A氏主導で利用者の生活改善へ	A氏入職
1972	府中療育センター闘争座り込み(～74年)	・全員就学をすすめる有志の会結成(72年頃) ・柴田氏中心に就労支援強化へ	柴田氏入職
1973	東京都、障害児の希望者全員就学方針打ち出す		C氏入職
1974	東京都、希望者の全員就学実現	・選挙権集団行使(参院選) ・市教委、学園へ教員派遣。施設内学級で就学保障 ・国立市市民祭に初参加。「施設の社会化」へ	
1975	障害者の権利宣言		
1976		D氏主導で同性介助推進へ	D氏入職
1979	全国で養護学校義務化	柴田氏、米自立生活運動家エド・ロバーツ氏と面会	
1981	国際障害者年	・選挙のお話を聞く会(都議選) ・柴田氏、都の海外派遣研修でスウェーデン訪問	E氏入職

今回の聴き取り対象者の多くが学園で勤務を始めたのはこの時代である。ただ、彼らは勤務条件の改善に魅力を感じて滝乃川学園で働くことを選んだわけではない。むしろ、彼らの多くは滝乃川学園の当時の状況や歴史をそれほど知ることなく入ったケースが目立つ。入職に至った彼らの動機はこの後触れるが、ここでは、学園内の雰囲気に変化が生まれていた時期に彼らが滝乃川学園に入ったことを確認しておきたい。

5-3-2　個人的体験

今回聴き取りを行った元職員らは、入職前に学生運動や障害者運動に参加し、そこでの個人的体験から、知的障害者支援に対する熱意と問題意識を抱くに至っていたことが特徴と言える。C氏は当時の若手同僚について「大変な歩みをしてきた人が滝乃川の門をたたいていた」と振り返っている。

例えば、A氏は大学在学中に、関西で障害者と共に暮らす共同体づくりを目指す活動に中心的に関わった。学生や社会人ら有志とともに資金集めに奔走し、侃々諤々の議論を重ねながら用地も確保して実現目前までこぎ着けたが、若者中心の活動ゆえに理想と現実を調和させられず、メンバー間のトラブルも相まって、結果的には断念することになった。A氏は聴き取りに対し、「現場からもう一回出直そうと思って、滝乃川学園に就職したんですよ」、「(共同体づくりの活動を)途中で投げ出すみたいになったんで、なんとしても(学園の仕事は)簡単には投げ出せないという思いがあったんです」と述べている。

一方、C氏は学生運動への没頭と混乱のなかで心を病んで送った入院生活を、滝乃川学園入職に至る前史として語った。大学では法学部の学生として弱者への基本的人権保障に対する関心を膨らませていたというが、入院先で患者の実態を「(第三者ではなく)体験者として知ったことは重い」と述べている。まったく身動きすることのなくなった患者、褥瘡がありながら寝たきりの高齢患者、また、葬式で飾られる花輪を作業療法で黙々と作り続ける様子などを目の当たりにするなかで、「世の中で一番見放され、損なわれ、棄てられた人たちのところに、俺の余生は使うべきじゃないかなと思いました」と振り返っている。
次に、柴田氏には滝乃川学園に入る前、「強烈だった」と自身が表現する知的障害者体験があった。印刷工場でのアルバイトで一緒に働いた知的障害者の男性との交流から、知的障害があっても明確な意思はあるということを確信したという。柴田氏がその同僚から聞かされたというエピソードは印象的である。その同僚がかつて養護学校に通っていたとき、養護学校に英語の授業がないことに対して、同級生とともに強い疑問を抱くようになり、ある日、クラスの同級生全員で各々の机の上に座り、「先生、僕たちに英語を教えてください」と直訴したというのである。結局、英語の授業は実現されなかったというが、先生とのやりとりを含む臨場感溢れる再現話を同僚から聞いた柴田氏は以下のように感じたという。

その話を聞いたときに私は本当にびっくりしたんです。やっぱり自分たちは何をしてほしいのかという意思もあり、また自分たちでそのことを話し合って、平たく言えば、学級ストライキをやったわけですよ。当時、時期はおそらく東大の安田講堂の頃なんですよ。（中略）本当に感動して鳥肌が立ちました。ひとりひとりに意思があるし、こうしたいという希望があるし、本当に人間として劣るところがないというかね、平等というかね、そういう感じを私はすごく明確にそのとき持ったんですね。

これらの元職員のほかにも、差別に対する強い問題意識を持ち、学生時代に部落問題や府中療育センター闘争[20]に関わったことで、滝乃川学園の職員と縁ができ、入職に至ったという元職員(D氏)も聴き取り対象者のなかにいる。彼らのこうした個人的な体験とそれに基づく信念が、滝乃川学園で先進的な取り組みを推し進めていく原動力になっていった。

5-3-3 組合結成の意味

若手職員が自分たちの問題意識に基づいて職場を変えていこうとするうえで、大きな意味を持ったのが職員組合の存在である。今回の聴き取り対象者のなかで最も早く入職したのはA氏で、一九七一年のこと。この年にA氏ら若手が中心となり、学園に職員組合が結成された。D氏によれば、組合の考え方としては、職員の労働条件の改善を優先する結果、施設利用者の生活が犠牲になることがあってはならないという発想に基づいており、「今の言葉で言えば利用者ファースト」(柴田氏)を徹底していた。このあたりは組合の結成宣言に「働く者の人権はもとより、共通のものとして、子供達のより豊な(原文ママ)発達の保障をめざそう」(百二十年史 1306)と記載されていることに表れている。組合ができたことによって、若手職員は自分たちの意思を学園の運営方針に反映しやすくなった。A氏は聴き取りに対し、「(それまでは)古い職員とか、考え方なりがあって、若い人はなかなかものを言えない状況もあった。だから、耐えられなくてやめていくみたいな。組合を作ったことによって一変するんですね」と、組合設立がもたらした変化を指摘する。D氏も「新しい風」が吹き始めた学園が「やりやすかったですよ、すごく」と述べており、若手が存分に理想を追求できる環境が整っていたことを回想している。

柴田氏によれば、組合設立により若手の発言力が増すなかで、職員と施設利用者で違っていた食事のおかずの量を平等にするなど、日常生活のささいなところから若手が問題点を指摘し、職員と利用者の関係を是正していく試みにも手をつけていったという。

こうした若手の活発な活動を可能にした背景としては、組合の存在だけでなく、すでに触れたように、過度に介入せず、現場の意向を尊重する理事会の姿勢もある。また、現場の管理職だった当時の聖公会の聖職者は、若手職員の問題意識に理解を示し、寛大に受け入れていたようである。聴き取り対象者はこの聖職者の上司について「すごくやさしい」、「非常に開明的」、「どちらかというと見守るほう」と一様に肯定的に語っており、働きやすさを叶えてもらっていたことをうかがわせている。そして、徐々に若手職員の意見で施設が回るようになり、さまざまな具体的な実践が相次ぐこととなった。

5-3-4　社会／国際潮流との連動

「（学園はこれまで）地上天国を形成していこうとしていた面があるのではないか。（施設利用者も）基本的人権の保有者じゃないのか」というC氏の語りはすでに取り上げた。この問題意識を突き詰めていく形で、若手職員らは、障害者問題をめぐる社会・国際潮流も意識しながら、「地上天国」の解体と施設利用者の権利擁護の具体化を図っていく。投票支援の動きもこの流れのなかで生まれていった。

5-3-4-1　生活改善

この当時着手された取り組みのひとつとして、まず、施設利用者のための生活改善がある。これは、入職前に、障害者と暮らす共同体づくりを目指したA氏が主導した。この取り組みの経緯は百二十年史に詳しい。年史に記されたA氏の報告によると、A氏が着任した時、重度知的障害者が生活する重度棟は入り口に鍵がかけられており、建物内は汚物の異臭に満たされ、利用者の自傷、他害が絶えない状態だった。この状況を改めていったのがA氏らで、掃除や布団干しを徹底し、窓のベニヤ板をガラスに換え、学園外での宿泊訓練を含めて、できるだけ利用者を外に連れ出すようにした。それにより、重度の利用者が「生き生きと目を輝かせ、集団生活に溶け込んだ姿」を見せるようになったという。百二十年史には「生活の場を拡大し、当たり前の生活ができる条件を保障さえすれば子供達は変わるということを確信するに至った」（百二十年史 1316）と記されている。

A氏は本調査の聴き取りに対し、以下のようなエピソードも語っている。

瀬戸物の食器でご飯を食べるとか、小集団で食事をするとか（も実現した）。当時、料理員の方から「組合の委員長までした人（A氏のこと：筆者注）が、なんで労働強化になるようなことをするんだ」って、象徴的にはそんなことも言われた。空いている部屋を食堂にして、自分たちで壁紙を貼ったりして、床を張り替えたり。そういうふうな取り組みもしました。

また、この頃、同性介助を進める動きも進んだ。府中療育センター闘争の座り込みに参加した経験のあるD氏が主導役である。D氏は聴き取りに対し、次のようにその動機を語っている。

僕は（入職前に）脳性麻痺の人たちと一緒にやっていたんで。同性介助が基本だったんですね。だから、「そういうような（異性職員による）お風呂の入れ方はおかしい」って、（学園に）入ってしばらくして同性介助を提案した。（中略）府中療育センター闘争はそもそも同性介助を要請したのが軸にあったんですよ。男性職員が女性（入所者）のお風呂を利用して、女性に対するいたずら行為とかがあったので、それで座り込みのほうに行ったというのがあるんですね。それを学んでいるので。

ただ、D氏によると、当時の滝乃川学園には男性職員が少なく、男性職員が男性利用者全員の入浴を介助する体制を速やかに整備することは難しかったという。そのため、D氏は夜勤明けや休日、早番のときも、お風呂の時間に職場に出てきて入浴介助をやっていた。そのうち、利用者の側が異性の職員によって入浴介助されることに違和感を覚えるようになり、同性介助の必要性が徐々に職員間で共有されるようになった。その後、職員の男女比率が調整されていくなかで、同性介助が学園に定着するようになったという。

5-3-4-2　就学権

就学権闘争も当時、滝乃川学園の若手職員が力を入れたことのひとつである。東京都は一九七三年に、希望する障害児の全員就学を翌一九七四年から実施する方針を打ち出したが、百二十年史によれば、滝乃川学園ではすでに一九六五年から国立市教育委員会との間で、できるだけ多くの児童を地域の学校へ通学させるための協議に着手していた。加えて、一九七二年頃には学園職員が「全員就学をすすめる有志の会」を結成し、職員による地域就学運動が盛り上がりを見せた。

このとき滝乃川学園はそれまでの学園のあり方と向き合い、乗り越える必要に迫られた。百二十年史にもあるように、滝乃川学園は「社会事業（福祉施設）的要素をもちながら教育施設として設立された」（百二十年史 1349）経緯があり、そうした考え方は、学園の門柱にかつて英語で「スクール・アンド・ホーム」と記されていたことにも表れている。学園内で教育も行うという伝統が続いてきたのである。この伝統をめぐる当時の議論を柴田氏は聴き取りに対し、以下のように振り返っている。

職員組合が中心になって、（施設利用者を）学校に入れようという運動を始めたんですね。これが職員のなかに非常に大きな亀裂を生んだ。古い職員たちは自分たちがやってきたことの否定につながるわけで、ここはスクールではなくて、ホームだけになる。自分たちが今まで教育していたわけだから、自分たちの自殺行為ではないかという議論。若手の人たちは障害児が施設のなかだけで教育を受けることに問題があるんだと（訴えた）。学校に行って普通児と交わることで道が開けるんだという、そんな内部対立があった。

世代による職員の見解の相違だけでなく、一部の若手職員のなかにも地域就学を一気に進めることに迷いがあったというが、最終的には就学支援の推進で議論がまとまり、施設利用者が地域に出ていく方向へと、学園として大きく舵を切ることになった。

5-3-4-3　就労

当時の若手職員らは、施設利用者の就労の場を確保していくことも、「地上天国」解体を進めるうえで重要な要素と位置付けていた。百二十年史によると、学園の外での職場実習は一九六六年に開始され、成人利用者の処遇方針（一九七四年）としても「社会生活参加の道を拓く」ことや「生産的能力の増進と社会的自立の促進」に努めることを掲げていた（百二十年史 1321）。

聴き取りによると、こうした動きを加速させたのが一九七二年入職の柴田氏である。学園として未成年の施設利用者のためには就学支援を進めた一方で、「成人の利用者がやれることは何かと考えたときに、そのひとつは就労だった」（柴田氏）と、就労支援の位置づけを説明している。

柴田氏らは施設利用者を受け入れてくれる工場などの職場を探して、一軒一軒依頼して回り、比較的障害の軽い一部利用者の就労を実現した。それに加えて、学園として、シイタケ栽培や畑での農業、織物、陶器づくりなど、施設利用者が働ける場を設けた。柴田氏らはそこで指導者役を果たせるよう、事前に外部の教室や研究会に通い、ノウハウを身につけたという。また、利用者がどの仕事や作業に取り組むかを決める際には、職員が事務的に割り振るのではなく、利用者の関心を見極めることに配慮したと、柴田氏は振り返っている。

当時、精神薄弱者施設の世界でね、どういう作業をすべきかということを本人の意見を聞いて決めるなんていう常識はないわけですよ。それは職員の責任で、そこ（＝作業：筆者注）に向くように指導しなければいけないわけですよ。私がやったことはそれとは違うわけですね。利用者の声を聞いて、利用者が一番やりたそうな職種を作ったわけですよ。シイタケと織物と陶芸、四つ目を畑にしようと。学園のなかでも職員の了解が取れて、四つ目の農作業を始めた。要するに意思決定支援そのものですね、やっていることはね。そういう時代に平行して選挙（の支援）をやったわけです。

柴田氏は滝乃川学園で働く前に、印刷工場でのアルバイトで知的障害のある同僚と親しくなり、「知的障害があっても明確な意思がある」ことを感じ取った人物である。その信念に基づいて、今でいう意思決定支援を五〇年も前の学園で実践したわけである。

就労を通じて施設利用者が社会に出て、活動の幅を広げることが望ましいという発想がまずあり、その過程で、職員は利用者が何をしたいのかを聴き取り、意思を見極めていく。このように、社会参加と意思決定支援を重んじながら利用者と接していくなかで、投票支援の必要性も認識するに至ったというのが柴田氏の説明である。

5-3-4-4　施設の社会化

施設利用者が外に出ていくこともさることながら、当時、滝乃川学園にとって、学園自体を地域に向けて開いていくことも重要な課題だった。そこでも、やはり若手職員が重要な役割を果たしている。まず、当時の「施設の社会化」の状況を押さえておきたい。東京都社会福祉協議会が一九七五年にまとめた報告書「施設の社会化促進のために」は、各種収容施設がそれまで利用者を社会から隔離しがちだった傾向について、「いくらか希薄化しているが、なくなったわけではない」と指摘している。また、同協議会による都内での調査（一九七四－七五年実施）結果によると、障害者収容施設のうち、施設を理解してもらうために地域住民向け広報活動をやっているところはまだ三五％にとどまっていた。

滝乃川学園においても、職員が全員施設内に住み込み、「スクール・アンド・ホーム」として施設内ですべてが完結していた時代が長かったため、地域との接点は乏しかった。七二年入職の柴田氏によれば、当初、職員と施設利用者が近くの公園や神社に散歩に行くと、そこで遊んでいた子供達が蜘蛛の子を散らしたように一斉に逃げていくありさまで、地域との相互理解は不在だったという。

そんな状況に変化が表れたのが一九七四年ごろである。百二十年史によると、この年に学園が国立市市民祭に初参加し、その後、市民運動会に加わったり、地域に開かれた学園祭を開催したりといった形で、地域との関係が深まっていった。それにより、地域における学園の認知度も急速に高まった。

学園のある国立市では一九六〇年代から八〇年代にかけて、独自の公民館運動が展開されたが、聴き取り内容によると、柴田氏は公民館運動に関わるようになった縁で、市民文化祭の実行委員長を務めることになった。地域との接点の役割を果たした形である。柴田氏は学園祭の地域開放も中心的に推進しており、以下のように当時を振り返っている。

町内会の自治会に学園祭のチラシを撒いてほしいとお願いに行くと、拒否されるわけですね、近くの（自治会）は。いい顔しないわけですよ。それで、一番離れている立川（市）との境目にZ学園という老人ホームとかがあるんです。その地域の自治会に初めに行ってね。そこ（Z学園）は前から（地元自治会と）近所付き合いをしていて、協力を頼んでいたので、そこ（の自治会）は（滝乃川学園祭のチラシを）撒いてくれたんです。次、一歩手前の自治会に行って、「隣が紹介してくれたから撒いてくれ」と。そうやってだんだん攻めて、とうとう最後は（滝乃川）学園のすぐそばの町内会長のところまで行ってね。それで全部、学園祭のチラシを撒いてくれたんですね。

徐々に地域との協力関係が強まり、その後の学園祭では、焼きそばや金魚すくいの係も地域住民が担ってくれるようになった。年を追うごとに学園祭の来場者も増え、その数は数千人に膨らんだという。柴田氏は以下のように変化を振り返る。

滝乃川学園に一回は行ったことがあるという人が市内でもかなり増えた。「今まで知らなかったけど、学園内の紅葉がきれいだ」とかいうふうに変わっていった。そういう（関係の深まりの）なかに選挙もあって。だから、市議会議員がみんな来るわけですよ。市議会議員は逆に（「選挙のお話を聞く会」の際に）学園に行って演説しないと肩身が狭いわけ。ひとりだけ障害者を差別したみたいになるじゃないですか（笑）。

学園を地域に開き、市の公的部門や市民、政治家との接点が深まり、学園の認知度も高まったことが、結果的には投票支援をやりやすい環境につながっていたことが指摘できる。

5-3-4-5　ノーマライゼーション等のインプット

障害者問題をめぐる国内外の動きについて積極的に情報収集し、問題意識の形成につなげていたことも、当時の若手職員の特徴である。国連総会は一九七一年に「精神遅滞者の権利宣言」、一九七五年には「障害者の権利宣言」を採択しているが、聴き取りによると、職員らはこれらの内容を共有し、理解を深めていた。柴田氏は、前者の宣言に記された「精神遅滞者は最大限実行可能な限り、ほかの人々と同じ権利を有している」という表現について、重い知的障害者の権利が制限されてしまいかねないところに限界を感じたという。一方、後者の宣言は「障害者はほかの人々と同じ市民的・政治的権利を有している」ことに言及しており、柴田氏はこうした内容から、知的障害者も投票の権利を持っていること、また、その行使のために支援を行うことが不可欠であることを改めて確認していったと述べている。

また、職員にとって、当時の自立生活運動からの影響も大きかった。柴田氏によると、自立生活運動に関わっていた脳性麻痺の当事者らを呼んで職員学習会を開き、彼らの問題意識に触れ、知的障害者支援のあり方を再考する契機にしていった。柴田氏は以下のように振り返る。

脳性麻痺だから言葉は話しにくいけど、考えは非常にしっかりしていてね。本人主体なわけです。当然われわれも、知的障害者も当然そうあるべきだと思うから。じゃあ、本人主体でやるにはどうすればいいかと一所懸命考えた。

その結果として、本人主体また自立を進める観点から、すでに触れた就学や就労、そして、投票の支援という具体的取り組みにつながっていたわけである。

また、柴田氏は国外の最新の知見に触れることにも熱心だった。一九七九年に来日した米自立生活運動家エド・ロバーツ氏と議論を行ったほか、一九八一年には東京都の社会福祉施設職員の海外派遣研修に参加してスウェーデンに行き、ノーマライゼーションを広めたベンクト・ニィリエ氏の考えに直接触れた。柴田氏は聴き取りに対し、スウェーデンで聴いたニィリエ氏の講演から「入所施設はなくさなきゃいけない。グループホームやデイセンターというやり方も、障害者だけが集まっており、本当の市民との統合にはなっていない」というメッセージを受け取ったと振り返っている。スウェーデンでは知的障害者の当事者団体の活動も見学し、知的障害者の自己決定を尊重しながら、地域で暮らせる方法を模索していくことの大切さを痛感したと述べている。

柴田氏を中心に、当時の学園の若手職員は社会運動、国際潮流への感度が非常に高かった。彼らは国内外の最先端の動きを確認しながら、自分たちの取り組みの正当性に対する自信を深めていった面もあると言える。

5-3-5 「普通の暮らし」意識

就労や就学支援、施設の社会化といった取り組みを個別に見ていくと、着手に至った背景やその内容、若手が果たした役割が浮かび上がったが、聴き取り対象者が目指していたものを平たく言えば、「普通の暮らし」の実現だったとまとめることができるのだろう。例えば、A氏は次のように振り返っている。

単純な話で、普通の人間的な暮らしをなんとか実現したいと思ったんですね。（中略）普通に学校に行くのは当然だよね、街に買い物に行ったり、普通に出かけたりできるのも当たり前だよね、って。それができていないのはおかしいよね、みたいな。わりと単純なところじゃなかったかなと思いますね。

また、柴田氏は聴き取りに対し、学園内で目の離せなかった多動の未成年の利用者が、地域の学校に通い始めると、ほかの子供達と一緒に落ち着いて通学できるようになったといい、外に出られる普通の生活を実現していくことのプラスの作用や意義を強調している。そして、「大人の人たちにとって普通に暮らすとは何か」という問いから、住まい、仕事、選挙権に関する取り組みにつながったと説明している。柴田氏は「選挙参加というのは、知的障害を持っている人たちが、本当にひとりの人間として、ひとりの市民として、普通に生きていくためのひとつの大事な要素だ」と指摘している。

5-4 小括

本章では、滝乃川学園で投票支援が本格化した一九七〇年代に入職した当時の若手職員らに対する聴き取りから、投票支援が始まる背景や問題意識に迫ることを試みた。その結果、「地上天国」として地域から隔絶していた学園の状態を変えていくとともに、施設利用者の基本的人権の尊重を具体化していこうという動きのなかで、投票支援をはじめとする一連の取り組みに着手していったことが分かった。

これらの取り組みは、学生運動や障害者運動への参加を経て学園で働くことになった若手職員が問題意識を共有しながら、主導していった面が大きい。弱者救済や利用者中心の視点に立ち、権利擁護を進めていこうという彼らの姿勢は、一見すると、学園創始者・石井亮一の理念や学園のキリスト教精神が反映しているとも受け取れるが、それだけでは見落とすものがある。当時の若手職員の話を直接聴くことにより、百二十年史に網羅的に記された事実が有機的に結び付くとともに、入職に至るまでの職員の個人的体験や問題意識が取り組みに強く作用していた実情も明らかになった。

投票支援の位置づけについては、さまざまな取り組みのなかにおいて、際立って重要視されていたわけではないことには触れておかなければならない。柴田氏は聴き取りのなかで、「生活の基本的なところ」の整備が大切だという認識を示しており、このあたりは当時、生活改善や就学、就労支援も進められていたことに表れている。柴田氏は「選挙だけいくらやってもどうしようもない」ともはっきり述べており、生活全般を自立状態へと近づけていこうとするなかで、投票支援の必要性に対する認識も深まっていったということを滝乃川学園の事例は示している。ただ、見方を変えれば、滝乃川学園は社会権に属するような権利の擁護にとどまらず、一連の取り組みのなかで間を置くことなく、参政権の支援にも手を伸ばしたところに特徴があると言えるだろう。

現在、日本国内で行われている投票支援としては、狛江市が多様なプログラムを提供している一方で、他の実施地域では模擬投票など限定的な取り組みにとどまっているケースが多いようである。知的障害者の権利保障、権利擁護においてはやはり生活の場の確保や就労など社会権的課題への対応が中心になっているのが現状であり、滝乃川学園の取り組みはそこに参政権の支援を加え、充実させていくことの意義を教えている。

第6章

重度知的障害者の投票

6-0　本章の目的

狛江市の事例研究に戻る。第4章、第5章ではそれぞれ狛江市と滝乃川学園で投票支援がどのような経緯で始まったかを関係者の聴き取りを通じて整理した。その結果、知的障害者に対する投票支援の必要性について、意思決定支援や社会参加の促進、また、「普通の暮らし」を実現する一環としての参政権行使の後押しといった認識の仕方がうかがえた。ところで、このような必要性や意義を語っていたのは、職務とも関わる形で投票支援を強力に推進してきた立場の人たちが主である。では、こうした取り組みに深くは関わっていない周りの人々、また、知的障害者の肉親はどのように見ているのだろうか。本章では知的障害者の日常生活をサポートしている一般の施設スタッフや家族の胸の内に迫っていく。

「わかりやすい選挙」の取り組みは、マスメディアや障害者団体の媒体を通じて報じられることがあるが、ニュースや記事で取材に答えていたり、当事者団体の会報などで筆者を務めていたりするのも「わかりやすい選挙」の推進者であることが多い。つまり、それらの記事や報告を通じて、「わかりやすい選挙」の公式の意義や狙いは把握できるが、主催者側ではない施設スタッフ、知的障害者の親、また、当事者たちが個人として「わかりやすい選挙」の取り組み、及び当事者の投票行為自体を実際のところどう感じているかはあまり見えてきていない。

知的障害者の投票行為に関しては、矢嶋（1993）が東京都内の知的障害者三五一人を対象とした調査（回答率二八・五％）で、選挙のときに投票する人が八四％、全くしない人が約一割との結果を示した。投票しない理由として、「候補者のことがよくわからない」、「関心がない」が多いことを明らかにした。なお、この調査では回答者一〇〇人のうち、自分の知的障害の程度について答えた八〇人全員が軽度か中度のいずれかだった。

また、大井ほか（2016）はT県の発達障害児等親の会に所属する、知的障害もしくは発達障害のある成人の子を持つ保護者計三〇人を対象とした調査（回答率七三・三％）を行った。それによると、選挙に「行った」が一七人、「行かなかった」が五人で、行かなかった理由として「用事と重なった」が二人、「親の都合」が二人、「用紙が（選挙区選挙と比例代表選挙の）二枚だと分かりにくい」が一人だった。この結果から、選挙に行かなかった理由の多くは「本人の障害や能力に起因した『選挙への諦め』ではないことが推察された」と結論づけている。ただ、この調査の回答者の子も障害程度は療育手帳のA（重度）が三人、B（中度・軽度）が一二人、手帳なしが七人で、軽度から中度の障害者が中心になっている。重い知的障害のある人の選挙権行使をどう考えるべきか、手掛かりとなる情報は乏しい。選挙及び投票に対する重度知的障害者とその支援者の意識に迫ることが必要である。

なお、二〇二三年七月三一日及び八月一〇日のNHK報道によると、この年の狛江市議会議員選挙で市全体の投票率は五〇・七％だったが、知的障害者は三七・七％にとどまっており、障害の程度が重くなるほど投票率が下がる傾向があることも分かった。

本章では二〇一九年四月の狛江市議会議員選挙を前に、狛江市の重度知的障害者施設で行われた模擬投票の機会を捉え、この施設利用者の保護者及び施設スタッフに質問紙調査などを行い、重度知的障害者の投票行為や「わかりやすい選挙」推進などについてどのように考えているかを明らかにする。「障害者の自己決定論にあってはつねに重度の障害者、それも重度の知的障害者が『決めることができる』主体からとり残されてしまう可能性が指摘されてきた」（永守 2012: 29）背景がある。選挙という文脈においても、同じ指摘が成り立つ可能性があるだろう。軽度や中度の知的障害者と比べ、選挙情報の理解や投票行為において、より大きな困難を抱えていることが想定される重度知的障害者に焦点を当てることで、「わかりやすい選挙」を進めるうえで今後検討すべきことを明らかにしたい。

6-1 重度知的障害者施設での模擬投票

狛江市での模擬投票は二〇一三年の参院選前を初回として、二〇一五年の市議選、二〇一六年の市長選の前などに継続的に実施してきており、準備や当日の運営では、狛江市手をつなぐ親の会や市障害福祉サービス等事業所連絡会[21]、市役所が連携してきた。従来の模擬投票は市内一カ所で開催し、市内に複数ある知的障害者施設の利用者らがそこに集まって、いっしょに投票を体験するスタイルで行われていた。そのため、参加者の障害の程度にはばらつきがあった。市役所や施設の説明によると、二〇一九年四月の市議選に際しては、各施設にとって都合のいい日程の調整がつかなかったため、市役所職員が市議選前の三月にそれぞれ別日程で各施設に出向いて、出前形式でそれぞれ模擬投票を実施することになった。

今回調査対象とした重度知的障害者施設もそのひとつであり、この施設では模擬投票を行う際の狙いとして、「ご利用者が選択する際に何を基準に考えるか知る手がかり」を得て、親の会や事業所連絡会が知的障害者向けにこれまで作ってきた「わかりやすい選挙広報誌」の改善に生かすこと、また、「スタッフが意思決定及びその支援について改めて考え、日常支援に活かすきっかけとする」ことなどを掲げた。

模擬投票に向け、この施設では投票先の判断材料となる「選挙公報」を準備した。元施設職員で社会福祉協議会職員の三人が候補者役になり、これら三人の名前と顔写真を載せ、それぞれ「給食は何杯でもおかわり自由にします」、「工賃がたくさんもらえるように作業の時間を増やします」、「もう少し痩せられるよう散歩をがんばろう」というメッセージを振り仮名付きの文章で添えた。投票に先立って施設利用者にこの「選挙公報」を見てもらい、模擬投票所となった部屋のなかでも案内係の机で閲覧可能な形にした。

重度知的障害のある利用者全一四人中、模擬投票の日は一一人が施設に来ており、このうち九人が代理投票を選んで、選挙事務従事者の代筆で投票した。別の一人は投票用紙に自分の名前を自分で書いて無効になり、もう一人は投票所内には入ったものの、投票はせず、棄権となった。

開票の結果、一番多く得票した候補者役は「工賃がたくさんもらえるように作業の時間を増やします」と訴えていた人だった。施設では利用者の投票行動の詳細な分析まではできていないが、模擬投票の施設側担当者は「最多得票者は候補者役三人のうち、過去にこの施設で一番長く働いていた人だった。利用者にとって一番親しみがあったため、票を多く集めたのではないか」と振り返っている。

6-2 調査方法①

6-2-1 対象

今回、調査対象とした施設は調査実施時、重度[22]の知的障害のある一四人が利用していた。利用者の保護者一四人とスタッフ一五人を対象に質問紙調査を二〇一九年五月一七日付で行った。保護者とスタッフを調査対象とした理由としては、まず筆者が事前に参与観察を行った際に、言葉によるコミュニケーションに困難のある利用者が多いと感じ、利用者に対する直接の調査では十分な結果が得られない可能性が高いと考えたことがある。そのうえで、できるだけ当事者の投票の実情に迫ろうとした場合、利用者の日常の様子を知る保護者と施設スタッフに調査することが次善の方法になると判断した。また、利用者が投票に出向こうとした際、何らかの支援が必要なことは確かであり、その支援者としての役割は保護者や施設スタッフが担うことが多い。そのため、当事者の投票に対する保護者と施設スタッフの意識を明らかにすることで、「わかりやすい選挙」の今後の課題を検討する有益な材料が得られると考えた。すでに述べたように、特に重度知的障害者の選挙に関する保護者や施設スタッフの意識調査は見当たらない。アンケートは五月末に回収し、回答率は保護者が六四・三%、スタッフが一〇〇%だった。

この施設の利用者は全員が一八歳以上である。回答した保護者九人のうち、利用者の母が八人、父が一人だった[23]。スタッフの内訳は生活支援員が一三人、管理責任者が一人、看護職が一人である。知的障害者施設での勤続年数（前職含む）は平均六年で、勤務期間が最も短いスタッフは一一カ月、最長は二三年だった。性別の内訳は男性七人、女性八人だった。

6-2-2 内容

保護者向けの質問要旨は以下の通りである。

・模擬投票の意味の有無
・施設や市役所が模擬投票を主催する是非
・日常生活でできる選択の例
・選挙での投票経験回数
・投票時にしているサポート
・重度知的障害者の選挙権について
・投票に必要な能力
・実際投票できるかどうか
・施設や自治体に期待する支援

これらの質問に対し、択一式に加え、詳細な内容や理由を自由記述で回答してもらった。スタッフ向けの質問要旨は以下の通りである。

・模擬投票の意味の有無

・重度知的障害者に対してできる意思決定支援とは
・意思決定支援としての「わかりやすい選挙」の妥当性
・投票に必要な能力
・意思決定支援に対する保護者の考え方との差の有無

スタッフに対しても同様に、択一式と自由記述式で回答を求めた。今回の調査では、「投票するための能力」及び「投票が実際、可能かどうか」についての考え方にも着目して設問した。序章で詳しく見たように、投票にはその能力をめぐる議論がつきものである。知的障害者の投票というテーマを突き詰めて考えるときに、保護者や施設スタッフにとっても、能力の問題をどう捉えるかによって、立ち位置が変わるのではないかと推察したため、能力に関する質問を加えた。

調査結果の分析では、回答のうち「模擬投票の意味の有無」、「実際投票できるかどうか」、「投票に必要な能力」についての自由記述の内容は、グラウンデッド・セオリー・アプローチ（Strauss and Corbin 1998）を参考にしながら、意味の分かりづらい回答を除いたうえで、記載内容の類似性に基づいてグルーピングを行い、カテゴリー化した。その結果、模擬投票についての自由記述では、「経験」、「権利」、「理解力」というカテゴリーが主として抽出された。投票できるかどうかの回答の理由を問う自由記述では、「理解力」と「行為」のカテゴリーが、また、投票に必要な能力の自由記述では「理解力」、「選択力」のカテゴリーがそれぞれ抽出された。

6-2-3　倫理的配慮

施設管理者に対し、施設名・回答者名を匿名にすること、質問紙は回収後、施錠したロッカーに保管し、五年後をめどに破棄することなどを説明し、書面で承諾を得た。施設利用者の保護者及びスタッフへの質問紙は施設管理者に配布を依頼した。各人への配布用の封筒には、倫理面への配慮について記した「調査へのご協力のお願い」も入れ、了承を得られる方からのみ回答してもらう方法をとった。

6-3　結果①

6-3-1　保護者の回答

まず施設利用者の保護者の回答から見ていく。「模擬投票は、利用者ご本人にとって意味があると思いますか」との質問には、「1．意味がある　2．ある程度意味がある　3．あまり意味はない　4．意味はない」から択一で回答を求めた。その結果、意味が「ある」及び「ある程度ある」が計五人、「ない」と「あまりない」が計四人と分かれた。

理由をカテゴリー別で見ると、模擬投票の意味が「ある／ある程度ある」との回答者（五人）のうち、「経験」が積めるが三人、投票は「権利」だという記述が一人だった。「経験」のカテゴリーに入った記載例としては、「実際に『投票』となると難しいと思うが、経験としては貴重な機会だと思

表２　【保護者】Q：模擬投票の意味

意味の有無	理由のカテゴリー	自由記述
ある／ある程度ある（5人）	経験（3人）	A氏：実際に「投票」となると難しいと思うが、経験としては貴重な機会だと思う。
		C氏：本番投票に向けて投票のルールの中で動くこと（動き方、手順）の再確認が必要です。
		E氏：視覚優位なので模擬投票は投票の仕方を知る上では有効かと思う。
	権利（1人）	B氏：権利だから。
ない／あまりない（4人）	理解力（3人）	F氏：日常生活での基本的な選択ができないのに、模擬投票をしても意味がありません。政治を全く知らない人に顔で選ばせるのですか？　まじめに考えているとは思えません。
		G氏：言葉を理解出来ない。選挙の意味が全く分からない当人にとっては、無意味です。
		H氏：選挙のことは全く理解出来ません。本人にとっては全く何のことか分からず唯、振り廻されている。

う」や「（本人が）視覚優位なので模擬投票は投票の仕方を知る上では有効かと思う」という考え方が示された。

一方、模擬投票の意味は「ない／あまりない」との回答者（四人）では、自由記述した三人全員が「理解力」にカテゴリー化される記載をしていた。「選挙の意味が全く分からない当人にとっては、無意味です」や「選挙のことは全く理解出来ません。本人にとっては全く何のことか分からず唯、振り廻されている」という回答が見られた。

次に「投票をするためには、なにか能力が必要だと思いますか」の問いには、七人が「はい」と回答した。一人が「いいえ」で、無回答が一人だった。

続けて「本人は投票できると思いますか」と尋ねたところ、「できる」が四人、「できない」が五人だった。自由記載された理由は「理解力」と「行為」にカテゴリー分類され、「投票できる」と答え

表３　【保護者】Q：本人は投票できると思うか

可能かどうか	理由のカテゴリー	自由記述
できる（4 人）	行為（4 人）	C 氏：投票について学ぶ機会を得て、体験できました。回数を重ねて少しずつですが、投票所で他人の支援を受けることにも慣れてきましたので。
		D 氏：名前と顔で係の方にお願いをして書いて頂いています。
		E 氏：書くことが出来ないので代筆してもらえればできる。
		H 氏：投票用紙を折って、投票箱に入れることはできるから。
できない（5 人）	理解力（5 人）	A 氏：選挙の意味は理解できず、候補者の中からだれかを選ぶことは実際には困難。
		B 氏：理解できない。
		F 氏：日常生活の中で、常にポリシーを持っていなくては選ぶことはできません。本来の選択の能力がなく、それはストレスになるだけです。
		G 氏：選挙の意味が分かっていない。
		I 氏：選挙の意味は全く理解出来ません。制度やシステムに関しては理解不能です。

た四人全員がその理由として、投票するという「行為」自体は可能だという主旨の記載をしていた。「代筆してもらえればできる」や「投票用紙を折って、投票箱に入れることはできるから」という説明がみられた。

一方、投票「できない」と答えた五人は全員が、本人には選挙・政治の「理解力」がないという主旨の理由を挙げた。具体例としては「選挙の意味が分かっていない」、「制度やシステムに関しては理解不能です」という記載があった。投票に必要な能力をどう捉えるかということが、模擬投票の意味の有無、また、投票できるか否かの判断を分ける差につながっていると言える。

6-3-2　スタッフの回答

施設スタッフの回答を見ていく。

最初の質問「施設で模擬投票を行うことを

表4 【スタッフ】Q：模擬投票をどう思うか

意味の有無	理由のカテゴリー	自由記述
ある／ある程度ある(10人)	権利(4人)	a氏：個々の選挙権は歴史の中で勝ち得たものであり、理解に及ぶかどうかは問題ではなく、手放すべきではないと思う。
		b氏：個人としての人権が有る。
		c氏：人として当然与えられた選挙権はその人にとってたいへん尊く、その行使は尊重されるべきもの、とても意味あるものと思います。
		j氏：実際の選挙ではたとえ行えなかったとしても、選挙権がある限り、その機会は体験できるものとして与えられるべきであるから。
	経験(3人)	e氏：社会の経験として有効とは思います。
		f氏：意味がある程度は、その人によって違いますが、社会経験としては、ひとつのいい経験と感じた。
		g氏：経験値を重ねるという意味で、意味があることだと思う。
	その他(2人)	d氏：自分が見ている利用者ばかりでなく、他の利用者の様子も見えて、支援者の取り組み方もある程度わかったから。
		i氏：支援の1つとして、自分の意志を上手に伝えられているか知る事も出来るため。
あまりない(3人)	理解力(3人)	l氏：人物であれ、物事であれ、食べ物であれ、選択する意味がわからないという人が多い。結果として利用者の負担になる。
		m氏：その日の自分の食べ物、衣服ですら「選ぶ」ということが理解できていない方が多いので。
		n氏：重度知的の障害を考えると、「せんきょ」の意味がわかる人がほんの一部いるかどうかだから。

どう思いますか」に対して、「1. 意味がある 2. ある程度意味がある 3. あまり意味はない 4. 意味はない」からの択一で回答を求めた。その結果、意味が「ある」（四人）と「ある程度ある」（六人）が合わせて一〇人、「あまり意味はない」が三人だった（「意味はない」は0人）。

理由についての自由記述は「権利」、「経験」、「理解力」の三つのカテゴリーに分類され、模擬投票の意味が「ある／ある程度ある」と回答した人（一〇人）の

表５　【スタッフ】Q：投票に必要な能力

カテゴリー	記述内容
理解力（6人） ※1人「選択力」と重複	e氏：国レベルでは国政、市では市政の理解力。
	f氏：情報を理解して取捨選択する能力。（※「選択力」のカテゴリーと重複）
	i氏：理解して投票出来る事。
	m氏：18歳程度の理解力は必要な気がします。
	n氏：知的能力。考えること。少なくとも投票することの意味がわからないと。
	o氏：政策を理解して、それを表出する能力が必要。
選択力（4人）	c氏：投票に行くことに意味があるので、選べることに意味を持たせる能力が必要ということ？か。
	d氏：～したいとか～が好きとかの思っていることの表現方法や、選択する能力。
	f氏：情報を理解して取捨選択する能力。（※「理解力」のカテゴリーと重複）
	h氏：複数の中から選択する力。
その他（3人）	a氏：自分の思い、意志を他者へ伝えるチカラが必要と考えます。
	j氏：生きて、生活しているという能力。
	l氏：なれない場所でも物怖じしない能力。

なかでは、投票は「権利」が四人、「経験」が積めるが三人、その他として、スタッフ自身にとって支援方法の学びになるという理由が二人いた。「権利」のカテゴリーの具体例としては、「人として当然与えられた選挙権はその人にとってたいへん尊く、その行使は尊重されるべきもの」という記述などがあった。「経験」カテゴリーでは「経験値を重ねるという意味で、意味があることだと思う」という記載例が見られた。

一方、模擬投票は「あまり意味はない」と答えた三人全員の理由が、「理解力」にカテゴリー化された。「重度知的の障害を考えると、『せんきょ』の意味がわかる人がほんの一部いるかどうかだから」や「選択する意味がわからないという人が多い。結果として利用者の負担になる」という記載があった。

次に、「模擬投票をやったり、選挙や候補者に関する情報を分かりやすく提供したりすることは、重い知的障がいのある方々に対する意思決定支援として、あっていいと思いますか」という質問に「1．当然だ　2．あっていい　3．なくてもいい　4．いらない」の択一で回答を求めたところ、「当然だ」が一人、「あっていい」が一〇人、「なくてもいい」が二人、「いらない」は0人だった。重度知的障害者を「わかりやすい選挙」の対象として考えても、スタッフは概ねその意義を認めていることが示された。

最後に、投票に必要な能力についての質問に対しては、一二人が自由記述で有効回答した。記載内容は「理解力」（六人）と「選択力」（四人）のカテゴリーに分類された[24]。「理解力」カテゴリーの具体例としては、「国レベルでは国政、市では市政の理解力」、「一八歳程度の理解力」という記載があった。一方、「選択力」には「複数の中から選択する力」などがあった。その他としては、意思表示できる力や物おじしない能力という記載があった。

以上から、スタッフのなかには、意思決定支援としての「わかりやすい選挙」や模擬投票に肯定的な考えを持つ人が多いことが分かった。ただ、意思決定支援としての「わかりやすい選挙」が「なくてもいい」と答えた二人はいずれも、施設で模擬投票を行う意味も「あまりない」と答えている。さらに、この二人はともに、投票には「理解力」が必要との認識を示している。政治などについての「理解力」がなければ、投票は難しいという考え方は、保護者に対する調査の結果で顕著に示されたことと重なる。

ちなみに、この二人のうちの一人は意思決定支援としての「わかりやすい選挙」の取り組みが「なくてもいい」と答えた理由として、以下のように記載している。

（「わかりやすい選挙」が）「いらない」というのは、（当事者にとっては）とても無視されて、はっきりいって寂しいと思いますが、「思い」だけで選挙等にかかわる意思決定支援ができるとはとうてい思えないです。選挙の概念は通常でも難しい。投票できるという権利は理想だし、投票していける権利ができたということは、とても前向きで、「清き一票」というのかもしれないが、本人がわかっての「一票ではないか」と思います。

6-4 調査方法②

6-4-1 内容及び対象

アンケート実施後、この施設の男性管理者に対し、二〇一九年六月二八日に半構造化インタビューを行った。模擬投票を含む「わかりやすい選挙」に対する施設としての考え方、今回の模擬投票について保護者から表立って伝えられた意見、保護者の意見の取り扱いなどについて聴き取った。また、インタビュー後に一度、追加で質問を行い、回答をメールで得た。この管理者は狛江市障害福祉サービス等事業所連絡会の役員らで構成する「わかりやすい選挙プロジェクトチーム」の一員を務めてきた経緯があり、公式には「わかりやすい選挙」を推進する立場である。管理者に事前に伝えた質問項目は以下の通りである。

・模擬投票の実施及びその方法を決めた流れ
・施設における意思決定支援全般の方針
・模擬投票を含む意思決定支援の実施に際し、保護者の意見をどう反映させているか

6-4-2　倫理的配慮

研究内容について管理者に口頭で説明し、同意書への署名を得た。インタビューはICレコーダーで録音して逐語録を作成し、施設管理者に内容を確認してもらったうえで、論文等での使用許諾を改めて得た。

6-5　結果②

6-5-1　保護者からの評価

管理者によると、模擬投票が行われた後、別件について保護者との個別面談があり、その際に、模

擬投票に対する厳しい声が上がったという。筆者が「模擬投票が終わった後、プラスとマイナスの評価・反応、どちらが多かったですか」と質問したところ、管理者は以下のように答えた。

（模擬投票について）マイナスの評価しかないですね。よくやったというのは、ほとんどないですね。文句があるからあえて言っているというだけで、文句がないわよという方はあえて何も言わないとか、声が大きく批判の声が出ているから、そこに油を注がなくてもいいということで、静観されている方もあるでしょうけど。

「わかりやすい選挙」について保護者が表明した否定的評価の理由として、管理者は以下のように説明した。

投票する行為、身体は動くけれども、それについての意味はまったく理解していないのに、やることに意味があるのか、というふうにおっしゃられる（中略）。去年ぐらいの個別面談のなかで、「お願いだからやめてください、私の子供がそういうところに関わるのはすごく嫌なんですよ、どうしてもやめてほしいんです」とおっしゃられた方がいて、嫌な気持ちってのがあるんだなというのが、そのとき初めて分かりまして。

こうした保護者の反応からは、模擬投票の賛否等が拮抗していたアンケート結果以上に、「わかりやすい選挙」の取り組みに対する否定的な意見が顕在化していることが分かる。このほか、保護者からは「できないことを押し付けるのは虐待だ」、「『プールに行く』は分かるけど、『演説会に行く』は理解できない」という声もあったという。そうした意見の背景として、投票用紙を投票箱に入れるという行為ができても、それでは不十分で、選挙の仕組みや公約を理解できてこそ実質的な意味を持つという考え方が、施設側とのやりとりのなかでは圧倒的な優勢になっていることがうかがえる。

また、管理者の説明によると、この施設では二〇一七年度から個別支援計画に社会参加の一環として、「わかりやすい選挙演説会」や模擬投票に参加する内容の記載を提案した。しかし、「選挙だけが社会参加じゃないから、この文言はおかしい」という声が多くの保護者から上がり、記載に至らなかったケースがかなりあったという。

6-5-2　保護者の意見の扱い

では、顕在化した保護者の否定的な意見を施設としてどう受け止め、取り組みに反映させていくのか。管理者は、保護者の意見の取り扱いについての正式な対応方針はないとしつつ、重度知的障害のある利用者の意見を明確に確認することは難しいため、保護者を「代弁者」として位置付けてきたと説明する。そして、「よほどの確信がない限りは、最終的には親の代弁を尊重すると思います」と明言する。ただ、その一方で、利用者と保護者の意向に「ずれは確実に存在すると思います」とも述べており、保護者の意見を全面的に聞き入れるのが必ずしも正しいとは限らないとの認識も示している。管理者は以下のように語っている。

保護者は当事者の意向を正確に代弁する立場にはないと思います。あくまでも保護者として代弁したり、代弁を求められたりすることはあるでしょうが、「当事者の意向を正確に代弁」は通常求められていないと考えます。であれば、「保護者と当事者の意向にはずれがあることもあるという認識で臨むのか」ということになるかもしれませんが、ずれは確実に存在すると思います。われわれ（＝施設側：筆者注）もまた「代弁者たるべし」と考えています。ご本人の真意を把握すればそれを代弁していくと思います。

模擬投票の意義については、管理者は以下のように訴えている。

取り組み（＝模擬投票：筆者注）に行かなくなったら、体験がないわけですから、そもそも良いことなのか、悪いことなのか、本人にとって判断基準も生まれないから、そのままになってしまう。行って嫌だったら、おれ（＝利用者：筆者注）は嫌だと言ったら、当然連れて行かないでしょうし、まあ、行きたいっておっしゃる方もあまりいないんですけど。やらなかったら、良いも悪いも考えられなくなってしまう。（中略）保護者の方々に「やって良かったね」と言ってもらえるようになったら、「やって良かったな」ときっと思えるんだと思いますけど。難しいですね。

「今後、今回のように各施設で模擬投票の実施が計画された場合、事前に保護者に実施の是非を諮りますか」と質問したところ、管理者は以下のように答えた。

諮らないです。決まったら、ご案内はしますが、決めるのは自分のところ（=施設：筆者注）で。（保護者に：同）決めてもらうわけではなくて、（施設で：同）決める。ただ、もし嫌な人があれば、当然嫌な思いはさせませんので、教えてくださいねというご案内になるかなと思います。本当は本人に聞くべきことなのですけども、親としても嫌だなと思っていたら、そこを無理やりやるのはあまりにも失礼というか。

6-6 小括と課題

今回、質問紙調査の対象とした重度知的障害者施設のスタッフの多くは、模擬投票自体や意思決定支援としての「わかりやすい選挙」を前向きに評価した一方、利用者の保護者は模擬投票の意味について、及び「本人は投票できると思いますか」の質問に対し、肯定的・否定的回答が概ね半々に割れた。否定的な見解を示した保護者はその理由として、本人には選挙や政治を理解できないという点を挙げる傾向が示された。投票には高い能力が求められると考えることで、重度知的障害者にとって投票は困難だという発想につながることがうかがえた。施設管理者の聴き取りからは、保護者との直接のやりとりのなかでは、模擬投票に対する否定的な意見が際立っている状況が明らかになった。管理者自身は「わかりやすい選挙」の取り組みを推進する考えではあるものの、利用者本人の意向を確認しづらいなかで、どうニーズを見極め、保護者の顕在化した意見に向き合うか、対応に苦慮している一面があることも明らかになった。

今回の調査では、施設の利用者数が限られていたこともあり、質問紙調査の対象者が少なかった。「わかりやすい選挙」を進めていく際には、もちろん重度の知的障害者も有権者として参加を想定されており、重度知的障害者の選挙・投票に対する意識をより広く明らかにし、どのように対応していくのが適切かを検討する必要がある。

他方、今回の調査では、選挙制度や政治、候補者の公約を理解することが投票には必要だという意識があることが分かった。だが、投票に対するこうした「高いハードル」が本当に妥当なのかどうかも今後の検討課題となるだろう。田山（2014: 155）は選挙権をめぐる差別についての議論のなかで、「主権の行使に必要な『意思（志）決定の力』の有無は、具体的に投票行為ができたか否か、によって判断すべきである」と指摘している。また、既に触れたように、戸波（2013: 19）も「『政治に対する適切な判断』に基づいて投票すべきことは要求されていない。どの候補者を選ぶかは選挙人の自由に委ねられており、その判断にあたって政治的判断能力を発揮しなければならないなどという条件はない」と、法的な視点から見解を示している。

早稲田大学マニフェスト研究所（2018）の一般向けの調査では、地方議会選で候補者を選ぶ理由・資質についての質問に対し、①実行力・行動力②政策・提言③人柄の順で回答[25]が多かった。少なくとも「人柄」を見極めるときに、政治的判断能力が必要とは思えない。つまり、一般有権者にとっても、投票先の判断において政治的判断能力のみが働いているとは言い難いだろう。知的障害者の投票に限らず、投票一般に対する認識の問い直しが必要であろう。

第7章

重度知的障害者の投票、親の聴き取りから考える

7-0 本章の目的

第6章では、狛江市にある重度知的障害者施設に通う当事者の保護者を対象とした質問紙調査を通じ、これまで見えてこなかった重度知的障害者の保護者が我が子の投票に対して抱く否定的な考え方の一端が明らかになった。「選挙・政治の理解が不可能」であるため、「投票できない」という考え方である。能力の有無を理由に、「投票できる人たち」の集団に加われずにいる重度知的障害者が一定数存在することが示された形である。社会に浸透する「望ましい投票能力」あるいは「投票には一定の能力が必要」という意識が重圧となって、重度知的障害者の保護者に気後れを感じさせてきた可能性は大いにあるだろう。

序章で触れたヌスバウムのケイパビリティ・アプローチについて、立岩（2018a: 186–187）は重度知的障害者など広範な人々の包摂を志向しながらも、尊厳ある生を叶えるためのハードルを設定していることを批判している。そして、「できる人ができることを（例えば政治を）するしかない、必要であればそれをするべきであるという以外には、人がどうであるべきであると言わなくてもよいということになる。なのにヌスバウムはなぜ言いたいのか」と問題視している。ひとの政治参加において、あるべき姿や能力を問わない点で、立岩の視点は重要である。ただ、「望ましい投票能力」意識がすでに社会に根づいているなかで、立岩の指摘だけでは、我が子の投票に対する保護者の気後れを払しょくするには至らないのではないだろうか。

「投票は権利だから、やりたければどうぞ」では終われない、権利保障に関わる課題がここにはまだ残されている。第6章の質問紙調査では重度知的障害を持っていても我が子に投票は可能であると考える保護者の存在も明らかにしている。ただ、質問紙調査の性質上、保護者の思いの背景までは拾い上げることができていない。本章では、重度知的障害のある子供の投票を肯定的に捉えている保護者の聴き取りを通じ、当事者の権利行使を後押しできるような、投票の積極的な意義づけの可能性を探る。ただもちろん、保護者が語る積極的意義を社会的な意義へと一般化しようという意図まではない。聴き取りで得られた視点は、投票における権利擁護及び投票支援のあり方を今後考えていくための手がかりとして位置づけたい。

7-1 調査

7-1-1 調査方法

本調査では、重度知的障害者に対する投票支援の積極的意義づけの可能性を探るため、狛江市で二〇一九年一一月一四、一五両日、重度知的障害者の母親二名から生活史法に基づく聴き取りをそれぞれ個別に行った。岸（2016: 156）によれば、生活史調査は「個人の語りに立脚した、総合的な社会調査」である。社会問題などの当事者や関係者によって語られた人生の語りを、マクロな歴史と社会構造とに結びつけ、そこに隠された「合理性」を理解し記述することを目的としている。今回の聴き取り対象者二名はいずれも子供の投票参加を肯定的に捉えており、おそらくその思いの背後には、この二名が考える我が子の投票の意義やその「合理性」があるはずである。二名はいずれも選挙の際、子供に投票させている。

当事者本人を聴き取り対象にしなかった理由としては、重度知的障害者から直接、詳細な聴き取りを行うことが難しいからである。それは狛江市の重度知的障害者施設で筆者が行った参与観察や当事者とのやりとりを通じて、そのように判断するに至った。そのため、本調査のテーマも、当事者にとっての投票の意義を追求しようとするものではなく、母親の聴き取りを通じて、当事者に投票支援を行うことの意義を探る内容にした。関係者のなかでも母親を聴き取り対象に選んだのは、特に今回の二名は当事者にとって最も身近な存在だったためである。

そもそも、重度知的障害者がひとりで投票に行くことは困難である。当事者が投票に行けるかどうかは、親など身近な存在の判断にかかっている。親が子供の投票に後ろ向きであれば、子供が投票に行ける（連れて行ってもらえる）可能性は低くなる。親が前向きなら、その可能性は高まる。それゆえ、子供の投票をどう意義づけているかを親に聴くことには意味がある。

投票や政治に対する意識は人生のなかで育まれていく。そのため、聴き取りのなかでは、母親自身がこれまでの人生で自分の投票をどのように考えてきたかも尋ねた。その意識が子供の投票を考える際の判断に大きく作用すると推測したためである。また、投票や選挙のことに限らず、子供の幼少期からの意思表示をどのように受け止めてきたかも聴き取った。親が子供の投票をひとつの意思表示と位置づけて、意義づけを与えてきた可能性もあると思われたからである。主な質問内容は以下の通りである。

・保護者自身は選挙の際、自分の投票先をどのように判断してきたか
・投票に対する自分の考えはどのように形成されてきたか
・社会はわれわれにどのような投票能力を求めていると考えているか
・子どもの生い立ち、日常的な意思表示、意思決定
・子どもは選挙や投票行為をどこまで理解しているか

・子どもの「投票能力」、投票することの意味・意義

Aさん（六〇代）（年齢等はいずれも聴き取り調査実施当時）

夫と娘の計三人家族。娘（三〇代）は重度知的障害（東京都判定2度＝重度）、障害支援区分6（支援の必要性最高）。Aさんは狛江市の「わかりやすい選挙」を保護者の立場から推進したきたひとりである。数年にわたって、知的障害者また我が子の投票と向き合い、深く考え行動してきたため、インタビュー対象者としてふさわしいと判断した。筆者がこれまで狛江市で行ってきた調査においてAさんと知り合う機会があり、聴き取り調査への協力を依頼した。

Bさん（五〇代）

夫と子供三人。聴き取り内容の中心は一番下の娘（二〇代、有権者）のこと。この娘は重度知的障害（東京都判定2度）、障害支援区分6。Aさんの娘と同じ施設利用者の母で、子供の投票に前向きな人であると施設から紹介を受け、聴き取りに応じてもらった。

この二名に代表性があるとは言えないが、二名の聴き取りから、重度知的障害者の投票を前向きに捉える、ひとつの考え方を浮き彫りにすることはできると判断した。聴き取りを通じて得られた投票の積極的意義づけは、一般化することは困難でも、投票における権利擁護や投票支援を考えていく材

料となり得る。なお、調査結果のなかでは、Aさんの語りを中心に見ていく。聴き取りを通じて、自分の子供の投票行為や意思決定に対するより深い省察がAさんから得られたためである。

7－1－2　倫理的配慮

聴き取り対象者には調査前に、調査の趣旨に加え、研究結果の公表に際して発言内容を匿名で取り上げることなどを書面で説明した。書面には、聴き取り内容を録音したデータは、パスワードの必要なPC及び外付けHDDにて厳重に管理すること、データは研究者以外が閲覧することはないことも記し、口頭でも確認した。さらに、答えたくない質問には答えなくてよいこと、また、調査協力への同意後に協力を撤回することができ、撤回してもいかなる不利益を被ることがないことも書面及び口頭で伝えたうえで、両名から同意書への署名を得た。

7－2　調査結果

7－2－1　娘の判断能力、理解力

先行研究を踏まえれば、投票というテーマに取り組む際、判断能力や理解力という要素の検討は必要になる。本調査の結果においても、まずはAさん、Bさんが娘の一般的な判断能力などをどのように評価しているかを確認する。

Q　：日常的に本人に選ばせていることは？

Aさん：絵本とか、あります。『きょう（施設に）どっち持って行く？』とか。やっぱりすごく悩んだりしますよ。

絵本はノンタンのシリーズが小さいときから好きで、絵本のなかでも好きなページがあるという。「好きな絵とか場面とか色使いとかがある。たぶんストーリーを分かっていると思う」と、Aさんは受け止めている。

また、貼り絵教室で取り組む貼り絵の下絵をドラえもんにするか、しずかちゃんにするかを決めたり、食事でも好きなものから先に食べたりするという選択がされているという。好きなテレビ番組やビデオについても明確な意思表示がある、とAさんは説明している。

Q　：娘さんは選挙・投票をどのように理解していると思いますか？

Aさん：「あっ、またこれ（＝選挙：筆者注）が来た」っていうことだと思います。つまり、中身についてはさすがに難しいところもあると思うけど（中略）選挙のすべては分かっていないかもしれないけど、このこと（＝選挙：筆者注）がときどき来る。それを自分もやる。みんなが喜ぶ。完了した、入れた（＝投票した：筆者注）というのは分かるから。

Ｂさんの娘は、パスタやカレーなど食べたいものは自分で選べる。テレビゲームも好きで、テレビは見たくなければ自分で消すという判断や行動はできている。Ｂさんは娘が選挙権を得て、初めて投票に行ったときのことを鮮明に覚えているという。

Ｂさん：うちの娘なんて、いっちょまえにお兄ちゃんたちがやっていたこと（＝投票：筆者注）を私も今度からできるんだと思ったら、ルンルンで行きましたから。（娘に）この人（＝立候補者：筆者注）はこういうことを言っているよとか、障害者の政策を掲げている人は、この人とこの人だよ、とか教えてあげた。

Ｑ　：娘さんの反応はどうでしたか？

Ｂさん：さっぱりでしたね、反応はないですね……。

以上の語りから、Ａさん、Ｂさんの娘はともに、食事など自分の好き嫌いに関わるものを中心に、日常生活におけるごく基礎的な意思表示・選択は可能という印象である。ただ、一般的に言われているところの「政治的判断能力」や「主権者意識」を満たす状態とは考えづらい。選挙制度や選挙の争点を理解したり、立候補者の公約を詳しく比較したりすることは難しいだろう。

7-2-2　自分の政治意識、娘の投票に対する思い

次に、Aさん、Bさん自身がどのように投票及び政治と関わってきたかを確認し、そのうえで、知的障害者の投票に対する思いを聴いた。

Q　：（Aさん自身の）最初の投票の記憶は何ですか？

Aさん：覚えてないです。大学に行っていたでしょう、（学生時代は投票）してないんですよ。いつしたかな、結婚してからかな。二四か二五、二六。社会人として投票に行ったんじゃないですか。結婚してから行った気がするけど。本当に恥ずかしいんだけど。私、何の興味もなかったんです。

Q　：自分の選挙権行使にはどんなイメージを持ってきましたか？

Aさん：人柄は見ますよね。本当に恥ずかしいけど、そのくらいなんですよね。（中略）社会と争って何かを勝ち得なきゃいけないような状況に陥ったことがないまま来た。大学まで出してもらったけど、結婚したけど、働かないで来た。本当に昔の主婦のタイプで来てるでしょ。

Q　：人それぞれの判断で投票すればいいということ？

Aさん：そうですね。なぜそこでそんなに（障害者と健常者とを）区分けするのかなと思う。健常者なら誰に投票しても、その候補者が泡沫であったりすることもあるわけじゃないですか。それなりの票数を取るわけじゃないですか。投票した人に「あなたはこの候補者がまじめ

に考えていると思いますか」とか、「そういう人に入れてもいいんですか」なんて、誰も聞かないでしょ。

Bさんの政治意識

Q：大学時代から、政治に対する考えとか、記憶にある政治の争点とか記憶は？

Bさん：全く（政治に）興味なかったです。ごめんなさいっていうぐらい。遊ぶことしか考えてなかった。スポーツに力を入れたかな、テニスとかスキーとか、そういうサークルに入って、遊ぶことしか考えてなかった。なんも考えずに遊んでた。

Q：当時はどういう時代でしたか。

Bさん：バブル。バブルのちょっと前ですね。八二年に（高校を）卒業して進学しているので、そのころからみんなはっちゃけていましたね。やたら女子大生がもてはやされた時代で、どこ行ってもちやほやされて、みんながご馳走してくれて、幸せだった。バイト先でもおごってもらえたりとか。今じゃ考えられないけど。

Q：何がそのとき起きてたかなんて。

Bさん：関心ないですよね。不自由もなかったですし。

Bさんは二〇代のころ、地元の首長選挙や議会選挙では投票していたという。

Bさん：入れた（＝投票した：筆者注）かどうかは（ほかの人には）分からないんですけど、一応ね、あの人（＝立候補者：筆者注）にはお世話になったからとか（親に）言われると、私は世話になってないと思ったけど、親の付き合いの関係で（投票した）。政策がどうとか、公約がどうとかは全然です。

Bさんは娘の投票に触れつつ、以下のように続ける。

Bさん：いつも思うのは、投票する場所に顔写真がないんですよね。あれは絶対あったほうがいい。それも意思のひとつだと思っているんです。「あっ、きれいなこの人に入れたい」、「おねえさんだ！ この人に入れたい」それもアリかなと思うんだけど、（写真が）ないんですよね。漢字の名前だけだと選べない。

Aさん、Bさんの以上の語りからは、障害者であれ、健常者であれ、投票能力を問われるべきではないという思いがうかがえる。健常者であっても、選挙の争点や公約を正確に理解できているかどうかは怪しい。誰もが考え抜いて、調べ尽くして投票しているわけでは決してないだろう。それができないからといって、なぜ知的障害者だけがその投票行動に冷たい視線を向けられなければならないのか。そういう思いが、特にAさんの語りからにじむ。

7-2-3　社会参加への願望と挫折

続いて、Aさんの娘の生い立ちに触れたい。Aさんから娘の幼少期の話を聴くなかで、娘の社会参加を願い続けてきたAさんの切実な思いが明らかになってきた。この思いが娘の投票をサポートしていこうという動機のひとつにつながっていることが浮かび上がる。

Aさんの娘の幼少期は、自宅と病院の往復の日々だった。五歳からは週に一回、健常の子供たちと一緒に過ごす統合保育を推進していた地元の保育園に通ったが、それも一年程度で挫折することになった。

Aさん：娘の存在が誰にも分からないことにすごく不安を感じたのです。「地域のなかに娘を知っている人がいません。もう耐えられない」と言って、（主治医の反対を押し切って統合保育にやったんだけど、先生の言う通りで、（中略）うまく受け入れてもらえなくて、途中で退所した苦い経験がありますね。

この挫折に至った象徴的な出来事があったという。

偶然いつもより早い時間に（お迎えに）行って、園庭から見てたら、（保育士が）ちょっと娘にひどいことをしているのを見てしまったんです。別にたたいたりはしてないですけど。保育園の先生って結構かわいらしい絵を（自分の）靴に描いたりするでしょ。でも靴だからきたないでしょ。そこ（＝先生の靴：筆者注）に娘がはいつくばるような感じで触ってた。それを（保育士が）仁王立ちで見ていたの。声をかけるわけでもないし、お手々汚くなるからやめようね、別の遊びしようねと言うわけでもなくて。それを見ちゃったんですよ。あっ、ダメだ、愛されてないって。そのときの先生の鬼のような形相。やっぱり愛されていないなかでは育たない。本当にまざまざと思い浮かぶ。後々、そういうことが障害に対する最初の（社会の）「偏見」に出会ったことかもしれない、そのときの体験が。

Aさんはこの経験を通じて、障害者（児）と健常者（児）を隔てる壁の高さを初めて感じた。障害者（児）が健常者（児）と同じようには扱われない「現実」である。娘の社会参加というAさんの願いは、ここで一度打ち砕かれたという。

7-2-4　障害受容

Aさんが知的障害のある娘を持つ親として、社会と真正面から向き合ううえで、自分自身が娘の障害を受容することが不可欠だったと述べている。

「普通の子」と同じように学校に通わせ、「普通に」社会に出したかったというAさんの思いの裏には、当初、娘に障害があるという事実を受け入れられない自分がいたとAさんは振り返る。その心のこだわりを乗り越え、障害受容できて初めて、娘の社会参加を冷静かつ着実に考えられるようになったという。ただ、そのプロセスには時間を要した。

Aさんは、市の教育委員会との就学相談のときに、娘を養護学校に進ませるよう言われた。「養護学校ってとんでもない」。これがそのときのAさんの率直な反応だった。養護学校という世界を知らないから、自分のなかにも「偏見」があったという。そのため、最初は養護学校ではなく、通常の小学校にある特別支援学級に入れようとした。なんとか通わせてもらえないかと思い、通常の小学校に連れて行った日、娘を抱っこしてくれた学校の先生の髪を娘が強く引っ張ってしまったという。その様子を見てAさんは通常学校に入学させることは諦めたが、心の底では娘に障害があるという事実をまだ受け入れられない自分がいた。そんな自分に変化が表れたのが、娘が一〇歳になる前ぐらいのある瞬間だったという。

Aさん：ランドセルを買ってあげられなかったことがすごく傷だったんだと分かったんです、私にとって。小学校入学のときに普通ランドセルを買うでしょ。（中略）必要ないと言われたんですよ。なぜ必要ないかというと、もっといっぱい物の入るリュックとか鞄とか、そういうものが養護学校には必要なのであって、ああいう革でできた、立派な硬い、教科書が入るぐらいしかないあれ（＝ランドセル：筆者注）はいらないと言われたんですよ。買いそびれちゃったの。（中略）でも、いろんな毎日のちょっとずつの積み重ねで三年生の時かな、四月の春に、桜が満開だったんですけど、入学式でよその普通の健常のお子さんが入学式から帰ってくるところを桜が満開のなかを親御さんと通っているのを見て、なんか、ああ、あのう、なんていうか、それを見て、私もランドセル買おうと思った、娘に買ってなかったから。それで、その人たちの幸せそうな顔を見たときに、うちも幸せなんだと思えたんですよね。

ちょうどそのころ、病院に定期的に自動車で通っていたので、通り道の満開の桜が花吹雪だったんですよね、娘を連れて病院に行くときに。そのときに、あ、これでいいんだって。車に花吹雪がバーッてきて。そのときに、今まで机も買えなかったとかなんか、いろいろあったり、なんだかんだ言ったって、「養護学校に来たら終わりか」とか、（中略）本当の心の奥の奥にある偏見とか差別とか、たぶん私も今もあるし、人間だから。そういうものがあるんだというふうに認識する、それが桜の時になんかね、分かんないけど、パーッて。花吹雪のなか、何だか知らないけど、別にいいんだって思って、ランドセル買おうと思って、伊勢丹に行って。素敵なのを買って、結局使ったんだけど、ものが入りきらなくて、それはいまもうちのなかにあるんだけど。

たくさんの人の支援のなかで時間をかけて、障害受容、自分と向き合うことができたから、そのなかで実は完璧を自分で自分のなかに求めていたんだっていうのを自分のなかで理解することができました。「普通」とは何か。分かりませんが、飽くなき「普通」への願望があったのですが、それが「普通とかどうかは大丈夫」になれたんだと思います。（中略）障害受容できる前は「自己との戦い」でした。障害受容できてからは、ようやく社会と向き合うことが芽生え、育っていったと言えると思います。

桜の季節に行われる小学校の入学式は、ひとが社会に参加していく最初の象徴的な節目として、われわれ日本人は広く認識しているのかもしれない。Aさんにとって、その場面をたまたま見かけたことが、「普通」を相対化する契機となった。

娘のためにランドセルを買うという、「普通」の入学準備をできなかったことが、Aさんの心の傷として残っていた。そして、結局使うことのないランドセルを買うという、いわば儀式を経ることによって、「普通」に対するこわだりから自由になった。

これはまた、「自分は障害を受け入れていない」ということに「気が付かないようにしていた自分がいるのではないか」（Aさん）という呪縛からの解放でもあった。これによりAさんは、障害の有無に囚われなくなった。娘と丸ごと、その行動にも付き合えるようになったということも、聴き取りのなかで述べている。「普通」でなくても社会参加していい、社会参加は「普通の人」だけのものではないという思いに至り、社会と自然体で向き合えるようにもなったという。

7-2-5　娘の意思表示の変化、意思の尊重

娘と向き合い、「行動に付き合う」うえで、娘の意思をどう引き出し、汲み取っていくかが次の課題である。Aさんは、娘の幼少期から試行錯誤を積み重ねてきた末に娘の「意思決定」を実現してきた。それだけに、娘の意思を尊重したいという思いは強い。

Aさん：（娘の幼少期は）「石を抱っこしているような」とか、表現として、ものの本にはありました。それから、なんか子供と一緒にいる感じが持てない。赤ちゃんって、何がなくてもやりとりができるでしょ。笑わせようとしたら、にっこり返してくれたりとかじゃないですか。娘もあったんですけど、すごく希薄なんですよ。

言語とか学校の教育とか、リズム教室とかにどうして行くかというと、娘と関われないから。何かを介在させないと、素のままでやりとりができないんで、関わり方を習うところから私の場合は。たぶんみんなそうだと思うんですよね。

私自身も子供に育ててもらって、お互いに育んできた意思決定なのだと思う。（中略）それは育まれてきたもの。まさに毎日のなかでしか意思は育まれていかないわけだから。

「意思のない人はいない」のですが、それを表出するだけでは「意思決定」にはならないのでしょうね。その意思を表出させて、「相手に届ける」、「相手が受け止める」、「相手から、受け止めたことを本人に伝える」という関係性のなかで「意思決定」になるのだと今、振

り返るとそう思います。

この語りからは、娘の意思決定が母娘の共同作業を通じて形成されてきたというプロセスが浮かび上がる。共同作業ゆえに、娘から受け取った意思は親が生かしていかなければいけないというAさんなりの責任感につながっているようにも見える。

7-2-6　障害者のなかの差別

ここで障害者のなかの差別に触れておきたい。Aさんによれば、さまざまな障害の種類や程度があるなかで、障害者の社会において重度知的障害者がとりわけ差別的扱いを受けてきたという。知的障害者向けの投票支援の取り組みにおいても、Aさんはそれを実感してきたと語る。

Aさん：中度（知的）障害者の保護者からは「うちの子は（投票）できるから支援は必要ないです」と。さらに「申し訳ないけど、軽度の親御さんたちは（重度知的障害者を）同じ人間だと思っていませんから」っていうお話を聞いて。昔から言われている「障害のなかにこそ差別がある」は本当だと、しばし忘れていたことを改めて思い出した。いじめとか虐待とかと同じですね。弱いところにどんどん下りて来るの。

これは、障害者のなかでも特に重度知的障害者が取り残される実態を表している。田中耕一郎（2018）が言う重度知的障害者の「他者化」が、投票支援の文脈でも起きていることをAさんの語りは示している。

7-2-7　社会参加としての投票

だからこそ、Aさん、そして、Bさんも、重度知的障害者の「社会参加としての投票」は意義深いとみている。

Aさん：重度であっても、うまく投票できないかもしれないけど、権利として持っていて、ここに自分がいるってことを発する機会だと捉えているから必要だと（思う）。

Q　：周りからの反応はありますか？

Aさん：選管はいっしょになって喜んでくださるでしょ。市役所の職員は温かく見てくださる。あと協力してくださる「明るい選挙推進協会[26]」の方々。立会人になっているような人たちはすごく理解があるから、小っちゃく拍手してくれたりしてくれるんですけど。

一方で、知らないお年寄りの方で、娘のことを「ん？　ちょっと無理かな」と言って（投票所から）出てきて、すれ違ったことが一回あります。だって、娘に対して、二人も事務従事者が付いていますから、すぐ分かりますよね。それを今年聞いた。いろんな人の目があるけれども（中略）そう思う人がいることは否定できない。でも、これだけ投票のことをやることによって、障害者に対する理解が地域のなかでひとりひとりかもしれないけど（広がる）、でも、少なくとも選管の人も職員の人も理解する人が増えたわけじゃないですか。まして、民生委員の人とか、いろんな立会人の方も温かい目で（見てくれる）。それって理解ですよね。それが一番大きいですよね。

Aさんの娘は、狛江市の「わかりやすい選挙」が始まった二〇一三年以降は国政、東京都、狛江市のすべての選挙で投票している。Aさんは聴き取りに対し、社会と向き合う手法のひとつが選挙であり、投票することだとも述べている。

一方、Bさんは投票の機会について、「一市民としてのアピールの場」という表現で意義を語っている。

Bさん：別に何を基準に選ぶかは関係ないかなと思っていて。行くこと、参加することに意味があるということには一理あると思っているんです。「私たちもいるのよ、市民なのよ」とアピールする必要があるし、白票でもいいかなと思っているんですよね。うちの下の（重度知的障害の）子なんか、こないだ初めて一回だけ（投票に）行ったんですけど。どういうふうに書いて、誰に入れたのかも分からないんだけど、それがアピールになるし。

数年前から投票に行っている障害のある長男に対する投票所の対応の変化について、Bさんは以下のように振り返っている。

Bさん：期日前投票所でしたけど、（以前は係員が）どう（対応）していいか分からないという感じでしたね。オロオロして、ちょっとお待ちくださいと、ずっと待たされて。今は行ったら、もうすぐ、ささっと呼びに行って、付く人を。（投票所に）行って姿を見せることで変化が出ると言うことだと思います。

Aさん、Bさんともに、投票する我が子の姿が周囲に変化をもたらしていることを指摘している。無論、周囲の反応には否定的なものもあるが、投票所の係員らの間には、知的障害者に対応する経験や理解が蓄積されている。Aさん、Bさんの語りからは、社会における「包摂」意識の広がりを実感している様子をうかがうことができる。

7-3 小括と考察

Aさん、Bさんの語りを通じて見えてくる共通の思いとしては、ひとつには、投票のための「望ましい能力」を一律に有権者に求めることへの疑問がある。言い換えれば、障害の有無にかかわらず、有権者のさまざまな判断が尊重されるべきという思いである。政治参加に関して「人がどうであるべきであると言わなくてもよい」（立岩 2018a: 187）という立岩の指摘と響き合うものと言える。

このような考え方が社会において広く受け入れられているのであれば、重度知的障害者やその保護者もこだわりなく投票と向き合えるはずである。ただ、主権者教育の理念などが示すように、現実は異なる。主権者意識や政治的判断能力を求める圧力は今も大きい。Aさんは聴き取りに対し、「まじめに、よく考えて選ぶ『正しい選挙』」という考え方が「重荷になると思います。それは（重度知的障害者）本人ではなくて、親御さんの」と述べている。Aさんが指摘した「障害者のなかの差別」という実態も踏まえると、とりわけ重度知的障害者が、投票という法的権利はあっても「どうせ行使はできないだろう」という目にさらされている可能性はある。保護者がそれを意識すれば、そのような世間の目は保護者にとって「重荷」になるであろう。

そこで、その「重荷」を取り払う投票の積極的意義づけとして、Aさん、Bさんがともに言及したのが社会参加としての投票であり、包摂という観点である。投票所で本人が一票を投じることによって、重度知的障害者が一市民としての存在感を示し、周囲に変化をもたらすきっかけとなり、社会に包摂されていくという考え方である。このような意義づけが成り立てば、投票できず、社会の価値あるメンバーになれないという「更なるスティグマ」（熊谷 2018: 70）は回避できるだろう。

Aさんは、社会における障害者問題の扱われ方について言及した際に、「ガラスケースのなかにある障害」と表現した。そこには常に心理的な距離があり、現実感の乏しい状態である。投票は、ガラスケースから出てきた障害者が、権利ある市民として立ち現れる場とも言える。

このような意義付けに対して、あくまで「よく考えて選ぶ『正しい選挙』」の追求を重度知的障害者にも要求して異議申し立てを行うなら、重度知的障害者の投票は成立しないだろう。狛江の保護者や支援者の話を聴く限り、重度知的障害のある有権者は選挙の際、投票支援として作成された「わかりやすい選挙広報誌」や選挙公報を眺め、掲載された立候補者の顔写真や保護者の説明をもとに投票先を判断するケースが多いようである。また、当事者が「わかりやすい演説会」を聴きに行った場合は、登壇した立候補予定者の声色や顔の表情、身振り手振りも有力な判断材料にしているものと考えられる。このような「レベル」の投票を社会として表立って容認することは適切ではなく、また、投票を社会参加の機会と位置づけることは望ましくないという考え方は説得力を持つだろうか。

社会全体として、「より良い投票」、「理想の投票」を目指すことはあっても良いだろう。ただ、社会の構成メンバーを具体的に見ていくと、障害の有無や教育の程度、社会のなかで担っている役割などによって政治についての認識や理解は大きく異なる。にもかかわらず、「より良い投票」や「理想の投票」についてのひとつの水準をあくまで皆に一律に求めようとすれば、無理が生じるだろうし、実現は非現実的である。高い政治的判断能力に基づく投票を志向すべきと考える人たちにとっては、重度知的障害者の投票の実態は大いに物足りないものに映るであろうが、重度知的障害者に限らず、そもそも人々はさまざまな条件や制約のなかで、それぞれの「レベル」に応じて、それぞれの「より良い投票」に向けて一歩前進を試みていく、ということになるのではないだろうか。これを良しとしなければ、健常者の参政権も危うくなる。第1部で見た参政権拡大の歴史においては政治的判断能力や財産、社会貢献の度合いが、参政権を持つことの正当性をめぐる議論と結び付いてきたわけだが、能力や社会貢献を問い始めると、「自分は名実ともに投票の有資格者である」と思っている健常者の一部もその適格性を疑問視されかねない事態になるだろう。「難しいことが分からないまま投票したっていいじゃないか」と居直ることの是非については議論があるだろうが、少なくとも、選挙権を有している人について「この人物は投票にふさわしいのか」と問うことは実りをもたらさないと思われる。

それに、重度知的障害者は国民のなかでごく少数であり、一般的な健常の市民が彼らと接する機会は少ない。重度知的障害者の投票についてその「質」を否定的に問うよりも、彼らの市民としての社会参加の機会と位置付けて受け止めるほうが、「インクルーシブな社会とは何であるか」を考えるうえで前向きな示唆をもたらすものと思われる。Aさん、Bさんが述べたように、我が子が投票所に出向くことによって、現場係員の対応が改善し、また、投票所内で温かい反応が示されるようになったことは、わずかとはいえインクルーシブ社会の進展を物語るものと言えるだろう。

第8章

軽度知的障害者の投票

8-0 本章の目的

本章では軽度知的障害者の投票に目を向ける。軽度知的障害のある当事者への聴き取り調査を通じ、彼らの政治意識や投票行動の一端を明らかにし、狛江市で現在行われている投票支援について考察する手がかりを提示することを目的とする。

序章で見た通り、「知的障害者と選挙及び参政権」の先行研究をまとめると、主に権利保障の法的観点からの検証、アンケートによる実態調査、これまで行われてきた投票支援の記録、主権者教育としての現状調査、そして、投票能力をめぐる議論が中心的なものとして整理できる。これらの先行研究においては、当事者インタビューは主たる研究手法としては用いられておらず、知的障害者が選挙や政治について何を考え、どのような支援を求めているのかということを、当事者の声をもとに深く探ろうという視点は弱かった。

まずここで、知的障害者に関わるこれまでの研究一般において、当事者への聴き取りはどのようなテーマで行われる傾向があったかを整理しておく。

そもそも、杉田（2011: 55）などによると、障害のある人の人生の語りを用いた研究は、国内では身体障害や精神障害のある人たちが中心であり、知的障害のある人を対象としたものは少ない。そして、少ないながらも存在する知的障害者の聴き取り研究の蓄積にはいくつかの傾向が見て取れる。古井（2015）が行った分類などに基づけば、代表的なものとして、「被抑圧者、被差別者としての位置づけ」である。つまり、施設での望まぬ生活やいじめ体験などを聴き取った調査・報告などがある。

次に、知的障害者の自立プロセスに着目した聴き取りがある。本人の会の経験が知的障害者の権利意識の醸成に与える影響を考察した神部（2019）のほか、セルフアドボカシー活動への参加が当事者にとって自己決定・自立意識を高める作用があることを指摘した Gilmartin と Slevin（2010）などがこれに当てはまる。

また、どのような生活支援や就労支援、教育が望ましいかを探る観点からの聴き取り研究も一定数ある。例えば、田中恵美子（2011）は知的障害のある夫婦九組と支援者のインタビューを行い、求められる支援を検討している。知的障害のある一般就労者の聴き取りを通じて特別支援学校高等部教育の改善につなげようという研究（原田・寺川 2017）もある。知的障害者の社会参加促進を視野に、聴き取りを通じて情報機器の利用状況を明らかにした打浪（2015）の研究も、このカテゴリーに属するものと言えるだろう。

これらのほか、知的障害者のアイデンティティ確立プロセスを明らかにしようとするもの（麦倉2019など）や、調査者との相互行為に着目した研究（鶴田2006など）も見られる。

以上が知的障害者に対する聴き取り研究の大まかな傾向である。選挙を切り口に、当事者の投票、地域社会、政治、行政などに対する思いを聴き取った例は見当たらない。西村（2009）は従来の視点について、障害ゆえの特異性や特殊性を強調する面があり、知的障害のある語り手が本当に語りたかったことと、聞き手が求める語りが一致していない可能性を指摘している。その点、本章では知的障害者の日常に目を向け、一市民としての思い、一有権者としての語りを重視する。

「知的障害者と選挙及び参政権」の先行研究においては、当事者や保護者のアンケート調査を通じ、選挙に関する知的障害者の情報ニーズや情報支援の必要性は指摘されてきたため、本調査では、アンケート等では見えてこない当事者のニーズや関心を詳しく把握していきたい。それらが見えてくれば、投票支援のあり方も具体的に検討しやすくなり、これまで行われてきた投票支援の妥当性も議論できるはずである。

本調査では、選挙や政治について当事者の理解の程度も見ていくことになるが、それにより、個々の聴き取り対象者の「投票適格性」の議論を行うつもりはない。調査の目的は、より適切な支援のあり方を模索することにある。

8-1 調査方法

二〇二〇年一〇月から二〇二一年三月に狛江市の知的障害者五名に半構造化インタビューを実施した。五名はいずれも軽度（愛の手帳4度）の知的障害者である。本調査では、当事者の考えをできるだけ具体的に聴き取ることを重視したため、狛江市社会福祉協議会の協力を得て、障害程度が比較的軽く、言葉によるコミュニケーションに苦手意識のあまりない知的障害者のなかから候補者を探してもらい、筆者との面談の予定を調整してもらった。インタビューに際しては、最初に調査の趣旨を書面と口頭で説明したうえで、途中でインタビューをやめても本人の不利益にはならないことなどを伝え、同意書に署名を得た。

「知的障害のある人たちは、言語の理解と運用に非常に大きな個人差を有してい」（打浪 2018: 97）るため、聴き取り対象者に代表性があるとは言えないが、当事者の声を詳細に聴き取ることで、実態に即した支援を考える材料になり得ると考える。なお、本調査は倫理承認（京産大倫理第 0113 号）を得ている。

インタビューに応じた五名は、いずれも仮名で水谷さん（六〇代男性）、木山さん（二〇代女性）、佐賀さん（五〇代男性）、川合さん（五〇代女性）、坂本さん（六〇代女性）。インタビュー当時、木山さん以外の四人はB型作業所に通っていた。一般就労の経験者（水谷さん、木山さん、佐賀さん）もいる

表6　聴き取り対象者一覧

水谷さん	男性	60代	B型作業所	一人暮らし(親類が支援)
木山さん	女性	20代	仕事なし	両親・妹と同居
佐賀さん	男性	50代	B型作業所	両親と同居
川合さん	女性	50代	B型作業所	両親と同居
坂本さん	女性	60代	B型作業所	グループホーム

5人とも経度知的障害者(愛の手帳4度)

が、仕事ぶりが受け入れ先の期待した水準に届かないなどの理由で、勤務が続かなかったという。読解力については、水谷さんは分かりやすく書かれた一部の新聞記事を読めるが、他の四人はごく簡単な読み書きは可能という程度である。聴き取り対象者は皆、主な情報源としてテレビを挙げている。

主な質問内容は以下の通り。

日々の暮らしのこと、仕事のこと、これまでの人生、将来のこと、住んでいる地域について、自身の投票について、政治や行政、選挙の仕組みについて、政治、行政への思いや期待、狛江市の投票支援について。

「地域のこと」については、二〇一八年の市長選挙で立候補者二名が公約に掲げたテーマを中心に尋ねた。政治などに関する時事問題については、「最近気になるニュースはありますか」という質問から話題を広げていった。

8-2　調査結果

結果のとりまとめに際しては、テーマごとに五人の聴き取り対象者の認識にどのような傾向が出ているかに着目した。ただ、多数派とは異なる見解や認識が特定の人物から示された場合でも、検討に値すると判断した回答は取り上げるようにした。

8-2-1　地域の課題、地域に望むこと

防災、公共交通の整備、障害者福祉など、二〇一八年の市長選の候補者が公約に掲げていたテーマを中心に質問したうえで、思いつくことを自由に語ってもらった。

（水谷さん）

――そういえば、うちの団地の商店街がどんどん閉まっちゃってて（中略）お肉屋さんとか酒屋さんとかあったんですけど、つぶれちゃって、なくなっちゃって。今回は電気屋さんが閉店しちゃったんで、電気屋さんがないんで（中略）駅のほうとかイトーヨーカドーに行かなきゃダメ。近くにあればいいんだけど。

（佐賀さん）

Q：まちのことで気になることはありますか？

――こまバス（＝市内循環コミュニティバス：筆者注）かな。こまバスはやはり気になりますね。本数も少ないし、同じコースを通ってるんですよね、小田急（バス）と。ほぼ同じコースを通っちゃってるから、なんの意味があるんだろうと。（運賃に）二〇円ぐらいの違いがあるぐらいか

な。一応安いだけ。（中略）いろんな人を乗せたいんなら、いろんな場所を回らなければ。（川合さん）

Q：まちをよくするために、市長さんに何かしてほしいことはありますか？

――もうちょっと行政、今、変な話、車いすとか、自分は違うけど、車いすとか、みんなもうちょっとバリアフリーを増やしてほしい。今、もちろん駅にもバリアフリーはありますけど、あとは変な話だけど、トイレ関係とか、もうちょっとねえ、やっぱり、足のほら、年寄りとか足の不自由な人もいるし、トイレとか、やっぱり、あんまり身障のトイレって、今ないから、逆にそういうのを作ってほしいっていうのかな。作ってほしいし、バリアフリーをもっと増やしてほしいな。そうすると、バリアフリーになるとね、ぜんぜん車いすの人は、よくね、車いすの人のご主人が乗って、奥さんが押してってていうのもあるから。

「地域の課題、地域に望むこと」に関しては、五人全員が極めて具体的に、それぞれの視点で地域の現状を語っており、地域の問題に目を向けていることが明らかになった。引用した語り以外では、狛江市が二〇一九年の台風による多摩川氾濫の影響を受けたことを振り返りながら、防災政策の必要性を訴える人が複数人いた。また、狛江市には公園が少ないと訴え、市内の子供たちのために公園の増設を求める声も上がった。引用した身体障害者のためのバリアフリーについての語りもそうであるが、必ずしも自分に直接関わらないことにも問題意識を抱いていることも見えてきた。

8-2-2　ニュースへの関心

次に聴き取り対象者が世の中の出来事にどれぐらい関心を持っているかを見ていく。五人全員にとって主な情報源はテレビであるが、テレビニュースを視聴する頻度は人によってまちまちだった。「テレビはニュースとか見ますね」（水谷さん）という人もいれば、「暗いニュースばっかりだし、見る気をなくしてしまって」（川合さん）などと、積極的にはニュースに触れていない人もいた。

（川合さん）※聴き取り日は二〇二〇年一〇月二九日

Q：ちょっと政治のことを教えてほしいですけど。いま総理大臣って菅さん（二〇二〇年九月一六日内閣発足）になったの知ってます？　ずっと安倍さんだったけど。

――安倍さんも病気になっちゃったからね。

Q：菅さんどうですか？

――まあ、もうちょっと、まあ安倍さんより、もうちょっと貫禄あったほうがいいかな。ちょっと暗いって言っちゃ失礼かもしれないけどね。ちょっと独特な。

（木山さん）

Q：総理大臣の菅さんはどうですか。

――ちょっと高級ステーキを食べたという情報があって、信用できないなと思っちゃったり。本当に総理大臣かなと思っちゃいます。（筆者注：二〇二〇年一二月、政府が新型コロナウイルス対策として大人数での飲食自粛を呼びかけるなか、菅首相は銀座のステーキ店で五人以上で会食していた）

Q：あんまり印象がよくないですか。

――はい。

（川合さん）※聴き取り日は二〇二〇年一二月一八日（新型コロナの二度目の緊急事態宣言を翌月に控えた時期）

Q：コロナはまだまだ続くと思います？

――続くと思いますよ。このままじゃ、まあ、ワクチンができればどうなるか分かんないけどね。まだ日本でできないからね、ワクチンがね。それができてくれればいいですけど。まだ、ドイツとかあっちのほうかな、できたって言ってたけど。早く日本にも来ればいいけどね。

五人に聴き取り調査を行ったのは二〇二〇年一〇月から二〇二一年三月で、新型コロナ関係のニュースが連日大きく取り上げられていた時期だった。五人は皆、感染者数の変化や政府によるワクチン入手の見通し、東京五輪・パラリンピック開催への影響などについて情報の概要を把握していた。また、コロナに関連した首相の言動にも敏感であることも分かった。
ただ、国際関係のニュースや外交問題になると、背景も含め理解があいまいになっていることも見えてきた。そのことをうかがわせる語りを以下に引用する。

（佐賀さん）

Q：日本は中国と仲がいいと思います？
――あんまりいいとは思わないですね。まだ、そっちのパイプのほうが細すぎて、中国のほうがアメリカを抜こうとして、今むきになってやり過ぎて、失敗を重ねているというふうには聞いているようなもんですね。それで、日本と同じものを作ってみようと思って、作ってみたはいいけど、ぜんぜん使い物にならないものができあがっちゃって。

Q：韓国は何かイメージありますか。
――韓国でもやはり、みんなですごい大騒ぎして、どういうふうな感じで、そういうみんなで、デモ行進とかやるんだろうと思ったり。（中略）あんなデモ行進ばかりやってれば、向こうだって、国のほうだって、やはり、一番トップの人たちを守らなければならないという理屈で、銃なんかは自由に使えちゃう国でもあったり。そういういろんなものが自由に使えちゃう、アメリカなんかは特にそうなんですけど、銃規制がないから。女の人でも持てちゃうって聞いていますしね。

韓国についての語りで出てきた「大騒ぎ」や「デモ行進」が何を指しているのかは結局、聴き取りのなかでは判然としなかった。また、「銃なんかは自由に使えちゃう国」がこの語りの展開のなかにどのように位置づけられるかが見えてくることはなく、唐突感が強かった。国際関係についての別の語りをさらに見ていく。

（川合さん）

Q：中国と日本のもめ事は？

――例えば、北朝鮮とかそういう問題もあるしね。

Q：北朝鮮はどんなイメージですか。

――逆に中国より北朝鮮のほうがいいかも。

Q：なんでそう思うんですかね。

――なんて言うんだろう、中国は食べ物でも、そんなに美味しいというイメージじゃないし。そう思うと、北朝鮮のほうがいいかな。

Q：北朝鮮で思いつくものがあります？

――なんだろう。けっこうなんか、やっぱり北朝鮮ならキムさんか、キム委員長ね。食べ物はどうか分かんないんだよね。

Q：キムさんはどんなイメージですか。

――あの人、すごいがっちりしてるじゃん、あの人。なんとなく。そういうイメージがあります。

Q：いい人そうですか、悪い人そうですか。

――いい人そうに見えますけどね。

Q：北朝鮮と日本は仲がいいと思います？悪いと思います？

――普通じゃないですか。

Q：何かもめ事とかないですかね。

――あんまりなんか聞かないよね。どっちかというと日韓とかあっちのほう。韓国とね。そっちのイメージのほうが強いかな。

Q：韓国とはどうですかね。日本は仲いいですかね。

――どうでしょうね。

Q：韓国のイメージはありますか。

――キムチのイメージ。

Q：キムチ好きですか。

――そうですね、キムチは大好きですよ。

Q：韓国と日本は何かもめ事ありますかね。

――あんまりないと思うんだけどね。

北朝鮮の金正恩総書記を「いい人そう」と見るのは、独裁者として受け止める一般的な見方とは相いれないだろう。また、日本は北朝鮮とは拉致問題、韓国とは従軍慰安婦問題や元徴用工問題、さらに竹島の領土問題という困難な課題を抱えていることに対する認識はうかがえなかった。
ただ、次に語りを取り上げる水谷さんは五人のなかで、例外的に国際問題に詳しかった。日中間の尖閣諸島問題、日米同盟の大枠を把握している印象だった。

（水谷さん）
（憲法9条について）このまま守っていけばいいものを、安倍さんが改正するようなことを言っているんで。これこそ本当の改悪だと思いますね。それで、その部分のなかに自衛隊の文言を入れるって言ってるんで。これじゃあ、もっと自衛隊の人たちが戦場に送られて、第二次世界大戦じゃないけど、戦死者が出ると思うんで。そのへんが反対ですね。

Q：ちょっと難しい話ですけど、外国とのお付き合いとか、外交というものがあるじゃないですか、中国との関係とか、アメリカとの関係とか、そういうことには関心あります？

（水谷さん）
――関心ありますね。中国、韓国とはちょっと仲が悪そうですね。いろいろあるって、尖閣に入ってきているし、それでなんか法律を改正して、攻撃できるようなあれを作っちゃったから（筆者注：中国海警局に武器使用を認めた「海警法」が二〇二一年二月に施行されたことを指しているとみられる）。あれじゃ困るでしょ、と思っていますけどね。逆にアメリカとは仲良くして、日米同盟をもうちょっと発展して、日本を守ってほしいですね、アメリカに。

以上から、聴き取り対象者の五人は全員が「ニュースへの関心」を一定程度有しており、新型コロナを中心に身近な話題については理解していた。菅氏や安倍氏といった当時の首相を中心に主要な政治家のことも認識していることが分かった。ただ、国際関係など縁遠い話題は難しく、抽象的なテーマに苦手意識があることがうかがえた。「国家」や「外交」がイメージできているのは水谷さんのみだったと言える。

8-2-3　政治・選挙

8-2-3-1　関わり方、理解の仕方

次に、聴き取り対象者がこれまで自分の投票行為をどのように捉え、また、選挙や政治の制度をどのように理解し、関わってきたかを見ていきたい。

（木山さん）※過去に一度だけ投票経験がある。

Q：そのときはどうして投票に行こうと思ったんですか。

――選挙で投票して、ちゃんとした人がいれば変わってくれるのかなという思いで選びに行きました。

Q：そのときの記憶はあまりないかもしれないですけど、誰かに投票したんですよね？　どういうふうに選んだと思います？

――やっぱ顔で選んで、見極めて、選んだんですけども、やっぱ、当たらなかったです。

Q：その人が当選しなかったということ？

――はい。

Q：どういう顔の人だったら、「この人いいな」と思います？

――やさしかったりとか、しっかりしてそうな感じの人を選んで（いました）。

Q：じゃあ、それをどこかで見たんですよね。どこでそういう顔を見るチャンスがありましたかね？

――確か、写真付きのものがあって、それを見て。

Q：それって何でしょう。例えば、こういうの？（選挙公報を示しながら）

――はい。それです。

木山さんは選挙の際に、候補者の公約や経歴ではなく、写真で見た候補者の表情や印象で投票先を選んだということである。さらに、政治の仕組みについての理解を木山さんに尋ねたところ、議員や市長の仕事は何か「ぜんぜん分からない」し、政治家に会ったこともないとのことだった。また、議員や市長に望むことを聞いても「今は思いつかない」と答え、政治や選挙の仕組みを学校で習った記憶もあいまいだった。

木山さんにとっては、政治家や行政との接点がないことで、それらがリアリティのある対象になっていないと言える。また、投票に臨んだ際の思いとして、「ちゃんとした人がいれば変わってくれるのかな」と語ってはいるものの、自分の投票行為が政治や行政とどのようにつながっているのかということについて明確な理解には至っていないことも分かった。

次に語りを取り上げる川合さんは、選挙のたびに投票に行っている。身近な親類に元政治家がおり、その親類がかつて選挙に出ていたときには家族が応援に出向いていたため、選挙の雰囲気を体感していたという。

（川合さん）

Q：好きですか、投票って。

——好きっていうことも、嫌いっていうこともないし。普通ですけど。まあねえ、本当に選挙、二〇歳過ぎたら、行くっていうことがやっぱり決まってるんで。まあ毎年、行っていますね。

Q：どういうふうに、誰に投票しようかって、どうやって決めているんですか？

――うちは、うちの家族はみんな〇〇党に入れることにしてんですよね。それぐらいかな。

川合さんにとって選挙は身近なものであり、いわば恒例行事として生活のなかに定着している。有権者の「責務」として投票には行くものだという認識があるが、自身の投票行為に対する深い考察があるわけではない。市長や議員に期待することを尋ねたが、「そういうのは考えたこともないんで。まあ、とりあえず、選挙に行って、投票すればいいかな」という答えが返ってきたことからも、そのことがうかがえる。

次の坂本さんには投票経験がなく、政治家や行政との接点もないという。

（坂本さん）

Q：市長さんって、どんなお仕事をしているか、なんとなく分かります？

――分かりません。

Q：例えば、今の市長さんは選挙のときに、多摩川の洪水が起きないように一生懸命頑張ると言ってたんですけど、そういうのをどう思います？

――いいんじゃないですか。そういうふうに言ってくれて、やってくれれば、多摩川がね、こんどまた前みたいに、台風のときみたいに、氾濫しなくて済むかなみたいな。

Q：やっぱり不安ですかね。

——そうですよね。多摩川があのまんまだとね。

坂本さんは選挙制度についての理解がなく、これまでの選挙で候補者の公約に関心を持つこともなかったが、このように候補者の公約を説明してあげれば、坂本さん自身が持っている意思や希望と公約が合うかどうかを判断できることが分かる。この後の坂本さんの語りも、そのことを示している。

（坂本さん）※坂本さんはグループホームで生活している。

Q：市長選挙のときに、市長になりたいと言ってた人のひとりがグループホームを増やしますとか言ってたんですけど、どう思います？

——私はいいと思います、グループホームのほうが。

Q：どうしてそう思います？

——やっぱりほら、親がみんな亡くなっちゃったり、兄弟もそんなに面倒みれないじゃないですか。そうしたら、自分でグループホームでね、今、自分が寮母さんにお世話になっているように、それやってくれるだけで十分かな。

Q：じゃあ、グループホームはたくさんあったほうがいいですかね。

――そうですね。グループホームを増やしたいという意見もあるんだあ、そうなんだあ。

Q：いい意見だと思います？

――いい意見だと思います。グループホームを増やして、やっぱり親が死んだり、兄弟がいなかったり、ひとりにされると困っちゃうっていう人にとっては、グループホームがあったほうがいいんじゃないかなという気もしますね。

次の佐賀さんは選挙があるたびに毎回投票している。自分が選挙について深く考えることになったきっかけとして、自分が通っている作業所の自治会活動の経験が大きいと語っている。

（佐賀さん）

Q：どうしてそんなに選挙が大事だと思うようになりました？

――それはもちろん、選挙が大事だというのはもちろん。作業所のなかでも、むかし、自治会っていうのができて、その自治会をやるのに、何人か投票してっていうか、まず、自分たちは作業所をこうしたい、ああしたいという人たちがまず最初に手を挙げて、その人たちが何人かいらっしゃって、五人までしか入れないというルールがあって、その五人までのルールに入れるように、だいたい八人ぐらい（自治会選挙に）出てたんですよね。そうすると、（中略）だんだんと、自治会っていうのを任せられているなあと思ったりするようになってきてるんですよね。自治会の理由がどこにあるのかというと、先生方の手助けをしたり、自分たちの仲間の手助けをするということをやるっていうのが自治会だよ、というのを一番最初に教わって、私なんかは手を挙げて入ったほうなんですけどね。

Q：じゃあ、市長さんの選挙とかも……。

――同じように見ています。それがつながっているといったほうが合ってますね。自分たちの、この作業所を良くしてくれる人っていうのがトップになってくれるといいなと思ったり、いろいろしてますよ、今は。

Q：市長も同じことですか。

――そう。だから狛江市の市長を選ぶとしたら、作業所のあれ（＝自治会選挙：筆者注）と同じように、全部の人たちが安心して預けられる人に預けたほうがいいなと思っちゃうだけなんですよ。

佐賀さんには、幼稚園の同学年生で狛江市議になった知人がおり、今もその人と接点があるという。このつながりが市議会やその選挙を身近に感じるもうひとつの理由になっている。

Q：投票に行くのはお好きですか。

――投票に行くのが好きってわけじゃないけど、いろいろな人を知ってるから、やはりその人を応援したいという感覚もあったり、いろいろして、それで、どんなことをこの人はやってくれるんだろうというのを見分ける場所って言ったほうが合ってるのかもしれないですね。選挙で言っていることと、掲げている、あの紙に書いてあることとでは違っている人っていうのがやはり出てくるんですよね。言葉というのと、書かれている文章では、「あれ？　ちょっとずれてるんじゃない？」っていう人も出てきたり、いろいろしてて、この人に投票しちゃったら、ずれているような人だと危ないような気がするなと思ってしまうんですよね。自分なりに、今だと、ちょっと危ないかななんて。

次の水谷さんも市議会議員に知り合いがおり、かつて国政の有力政治家に会ったこともあるという。

（水谷さん）

Q：例えば、自分たちのまちをこうしたいな、こういうことをやってほしいなと思った時には、水谷さんはどうしますか。

——要望を出しちゃいますね。

Q：どういうところに要望します？

——一応、議員さんに言って、こういうことをしてほしいということは言っています。

Q：そうすると……。

——質問してくれたり、議会でね。

Q：それでうまくいけば、実現してくれる、ということですかね？

——うん。

水谷さんは普段から市議会議員とのやりとりを続けており、水谷さんにとっては、自分の要望を実現する回路としての政治という理解が定着していることが分かる。

以上、政治・選挙との関わり方、理解の仕方をまとめると、親類に政治家がいたり、政治家との接点があったりすると、政治や選挙が身近になることが聴き取りから見えてきた。作業所の自治会選挙を通じて、選挙の仕組みを理解した佐賀さんの例が示すように、体験の持つ意味も大きいと言えそうである。また、仮に選挙の仕組みや候補者が掲げる公約の内容を理解できていなくても、当事者に分かりやすく説明をすれば、自分の希望と投票行為がつながる可能性があることも分かった。

8-2-3-2　政治の信頼

一般的に、人々は政治・政治家に対する否定的なイメージや警戒感も一定程度持ちつつ[27]、選挙の際に立候補者やその公約の良し悪しを慎重に見極めていると思われる。そこで、聴き取り対象者が政治（家）に対する信頼・不信をめぐり、どのような認識を有しているかを確認する。

（水谷さん）

Q：いわゆる公約ですね、これって、どう思います？　ぜんぶ信用しちゃっていいようなものだと思います？

――信用していいものと悪いものがあると思いますね。

Q：公約として書いてあるけど、「本当にやるの？」と疑うものもある？

――そうですね。オンブズマンをつくって監視してりゃいいと思うんだけどね。公約をちゃんとやっているかどうか。

Q：じゃあ、ここに書いてあるからと言って、絶対やってくれるなんて。
――思ってない。

（川合さん）

Q：政治家って信用できると思います？

――うち、政治家ってわりと信用できないと思う。なんかみんな、どっかで何か問題を起こすというのがあるから、それが気になっちゃって。

Q：たとえばどんな問題を起こしそうですか？

――たとえば、闇金とか、そういうイメージ。

Q：悪いお金ってこと？

――悪いお金を使ったり、不正に何かしたりとか。そういうのが気に入らないということはないけど、そういうのが嫌かな。


佐賀さんも選挙公約については警戒心を持って見極めるようにしていると語る。

（佐賀さん）

――本当の話をしているとは思えないですよね。（公約として）お金をたくさんあげられるようにするとか、そんないいかげんな。「もっとお金を増えるようにする」とか、一番簡単な言葉なんですよね。お金なんかを言ってくるっていうのは、嘘を言っているのとほぼ同じなんですよ。「そんなんだったら、あなたの言葉は半分信用できませんよ」と。（中略）簡単な言葉でみんなを釣ろうとしているような、みんなが喜ぶ言葉ですよ。お金を増やすとかね。

Q：政治家とか立候補者が言っていることはある程度注意しなければならないということですか。

――はい。私たちは簡単に嘘をつかれて、それで、その人に当選するような感じにしちゃって、それがぜんぜん違っているじゃないですか。政治家になったとたんにコロリと変わってしまう人が多すぎるほど多いんですよ。

ただ、次の木山さんは、政治家に対しては悪いイメージを持っていると述べる一方で、公約は果たしてくれるはずだという、意識のねじれがうかがえる。

（木山さん）

Q：（知っている政治家として、木山さんが安倍元首相の名前を挙げたのを受けて）前の総理大臣の安倍さん、あの人はどうでした？

――悪い印象しかない。

Q：どうしてそう思ったんですかね？

――やっぱ自分のことしか考えてないなという印象が強くて。

Q：じゃあ、政治家って、なんとなく悪いイメージ？

――悪いイメージしかない。

Q：なんか悪いことしてそう？

――はい。

Q：どうしてそう感じるのかな。なんででしょうね。テレビとかでそういうのをよくやっているからですかね。どう思いますか。

――やっぱテレビとかで、そういうなんか、炎上みたいなことしか聞かないので、そうなのかなと思っちゃうことが多いです。

Q：公約って、市議会の人たち、私が当選したらこういうことをやるというのがいっぱい書いてあるんですけど（中略）こういう約束ってちゃんとやってくれると思いますか。それとも疑いますか。

――たぶんやってくれると思うな。

Q：どうしてそう思います？

――やっぱりいろいろなこともあって、大変だと思うので、忘れちゃうこともあるかなと思うけど、後回しになっちゃう可能性もあるんですけども、やっぱちゃんと約束は意識してると思うので、たぶん大丈夫かなと。

Q：さっきは政治家ってなんか悪いイメージだなと言ってたけど、でも、約束したことはある程度やってくれるかなという気がする？

――はい。

以上、聴き取り対象者は政治に対して一定の警戒感を有していることが見えてきた。「政治とカネ」をめぐるさまざまなスキャンダルやそのテレビ報道が聴き取り対象者の意識に否定的に作用してきた可能性がある。公約の実現可能性についても、木山さんは別として、疑いの目を向けていることが見えてきた。受け取れるお金を増やすという公約に対し「嘘を言っているのとほぼ同じ」と断じる佐賀さんの見方は象徴的である。

8-2-4　投票支援のニーズ

最後に、聴き取り対象者が投票に際して、どのような支援を求めているかを見ていきたい。狛江市はすでに取り上げてきた通り、知的障害者の投票支援として、模擬投票や「わかりやすい選挙広報誌」の作成、市長選の立候補者らを招いた「わかりやすい演説会」も行っている。聴き取り対象者の五人は、これまでいずれかの取り組みに参加している。

これらの投票支援について尋ねたところ、まず、「わかりやすい選挙広報誌」が選挙公報より良いという評価がほぼ全ての聴き取り対象者から聞かれた。水谷さんは「メッセージが簡単にしてあるので、そういうとこがいい」と語っていた。

二〇一九年の狛江市議選の際に作成された「わかりやすい選挙広報誌」は立候補予定者に対し、「私たち障がい者が何に困っていると思いますか?」、「その問題を解決するため、どんなことをしますか?」という質問への回答と「ひとことメッセージ」の記載を求めており、選挙公報と比べ、テーマと情報量が限定されている。

体裁に関しては、選挙公報は多くの立候補者の略歴や公約が大判一枚の紙に並べて掲載されているが、「わかりやすい選挙広報誌」は候補者一人につき一ページの冊子体になっており、その掲載方法が分かりやすさを高めているという声があった。また、漢字に振り仮名があり、文字は大きく、色の使い分けで重要箇所が強調されていること、また、写真は選挙公報が白黒であるのに対して、「わかりやすい選挙広報誌」はカラーになっていることを好感する見方も聴き取りのなかで出た。これらのことは、既存の知的障害者向け「わかりやすい情報提供のガイドライン[28]」に沿った記載が分かりやすさを高めることを裏付けていると言える。また、水谷さんは記載される情報を優先順位付けしてほしいという希望も語っていた。

(水谷さん)

——例えばそこの公約のなかで、優先順位をつけて書き出してもらって、「私はどれをやります」って言ってくれれば分かりやすいんじゃないかなと思って。それで、そのなかでできないものがあるんだったら、「それは時間をかけてやります」という公約を出してくれれば分かりやすいんじゃないかなと思って。

次の川合さんは模擬投票の意義を語っている。模擬投票で投票の手順を前もって確認でき、緊張することなく本番に臨めたと述べていた。模擬投票のときに、実際の投票所を担当する市職員と面識ができたことも安心感につながったという。

Q：今はひとりで投票に行くんですか。お母さんといっしょに行きますか？
——ひとりで。ひとりで行って、受付で、手にハンディがある（＝字を書こうとすると、手が震える：筆者注）から、介助っていうの？　それをお願いしますって、代理投票をお願いしますって言って、（候補者名等を）書いてもらったけど。
Q：それももう緊張せずやれる感じですか。
——そうそう。「選挙があったとき、どんどん（代理投票を）使ってくださいね」って（市職員から）言われましたから。

次の佐賀さんは「わかりやすい演説会」を通じて、立候補者と身近に接する機会が得られることは投票先を判断するうえで大きな意味があると語っている。

Q：選挙の時に立候補した人、最近の市長選挙だったら二人いましたよね。「わかりやすい演説会」で直接話を聞けたわけじゃないですか。こういうことはいいことだと思いますか。
——いいことだと思います。私たちにとって質問ができたりするから。（中略）自分でどういうふうになりたいって、「市長になったとしたら、私はこういう狛江市にしたいんです」というふうにはっきりと言ってくださる人（がいい）。そうじゃない人の場合だと、ちょっと不安にはなりますね。

これらの語りからは、立候補者の肉声に触れたり、事前に投票の練習をしたりするなど、直接的な体験をすることが、投票のハードルを下げ、より納得した投票先の判断につながることがうかがえる。

8-3 小括と考察

今回の調査で分かったことを改めてまとめると、調査対象者の五名は地域社会については自分の視点で現状や課題を具体的に考えており、自分の利害に直接関わらないことにも関心を抱いている人もいた。そうした問題意識や思いが選挙時の投票行為に有機的につながるかどうかは、政治・政治家との接点や民主的プロセスに関わった経験の有無が分けている面があると考えられた。

選挙の仕組みや立候補者の公約を知らなくても、それらを説明すれば、自分の希望や意思と投票行為がつながり得ることも、聴き取りにおけるやりとりから見えてきた。このことから、選挙公報よりも理解しやすい「わかりやすい選挙広報誌」の作成や模擬投票の実施といった狛江市の投票支援には一定の意味があると言える。

一方で、国政選挙の争点となる外交問題やその背景を理解することは、水谷さんを除き今回の聴き取り対象者にとって概してハードルが高いことがうかがえた。知的障害者向けの投票支援において、日常生活との関わりが薄い外交・安全保障などの政策や公約の取り扱いをどう考え、どのような支援が妥当かを考えることは今後の課題となる。

ただ、このことは障害者の投票支援に限ったことではない。公益財団法人明るい選挙推進協会による第四八回衆議院議員総選挙（二〇一七年執行）全国意識調査によると、回答者が選挙時に考慮した政策課題として、多いものから「医療・介護」（五一・一％）、「景気対策」（四六・二％）、「年金」（四五・一％）となっており、「外交・防衛」は二一・九％、「憲法改正」は二二・三％にとどまっている。外交・防衛や憲法改正のような、身近ではないが重要な政策や公約についても理解を深めていくことは民主主義社会の成熟に関わることであり、それらの伝え方を検討していくことは、障害の有無にかかわらず全ての人にとっての分かりやすさにもつながるだろう。

第9章

選挙情報の分かりやすさとは

9-0　本章の目的

本章では狛江市の投票支援において、知的障害者にとっての選挙情報の分かりやすさがどのように追求され、どの程度実現されてきたかという点に焦点を当てる。狛江市の取り組みでは選挙情報の分かりやすさとして、文章表現上の分かりやすさだけでなく、当事者に届けた情報が投票先の判断材料として有効なものであるかどうか、つまり、当事者にとって知りたい情報であるかどうかも重視してきた。本章ではこれら二つそれぞれの観点でみていくが、まずは二〇一五年四月の狛江市議会議員選挙に合わせて初めて用意された「わかりやすい選挙広報誌」を取り上げ、文章表現上の分かりやすさに焦点を当て分析する。

狛江市における選挙時の知的障害者向け分かりやすい情報提供では、演説会、動画、広報誌という形式を問わず、立候補予定者の語りや記載をそのまま聴衆や視聴者、読者に届けることを重視している。立候補予定者によって書かれたり、語られたりした内容を主催者側が編集することで立候補予定者間の公平性を損なってしまう事態を避けるためである。こうした考えから、「わかりやすい選挙広報誌」も執筆依頼を受けた各立候補予定者がフォーマットに従って自ら記入し、そのままの内容が掲載されている。その結果、知的障害者にとっての「分かりやすさ」に必ずしも慣れてはいない立候補予定者が内容の「分かりやすさ」を直接左右することになっている。そのような性質を持つ広報誌の記載内容が結果的にどの程度「分かりやすさ」を実現できていたかについて、分かりやすさに関する既存のガイドラインに照らしながら確認する。

また、広報誌を書いた立候補予定者に対するアンケート調査も実施した。この調査を通じ、立候補予定者が自分のさまざまな公約のなかから何を選んで、知的障害のある有権者に向けて訴えることが望ましいと考えたかや、分かりやすく書こうとした際の難しさ、また、記載内容を改善していくうえでの課題などを考察する。一方で、主催者側が立候補予定者に対してどのような設問を行い、その結果、どのような情報を投票先の判断材料として知的障害者に届けることが分かりやすい選挙につながるのか、といった議論についても主催者側の関連資料や聴き取りをもとに整理していく。

本章では、専門家らの知見も活用しながら作成される自治体情報の一般的な分かりやすい版などとは異なり、不慣れな選挙立候補者が自身の主張や公約を知的障害者向けに絞り込み、自分で簡略化するという作業の実情をまずは明らかにし、そのうえで、従来の知的障害者向け情報の「分かりやすさ」の考え方では対応しきれない選挙公約情報の「分かりやすさ」の特殊性を指摘したい。

9-1 これまでの「分かりやすさ」の実践

知的障害者にとっての情報の分かりやすさの研究としては、ひとつには政府刊行物を対象としたものがある。武藤ほか（2010）は、厚生労働省発行の一般向け「障害者自立支援法パンフレット」と知的障害者向け「障害者自立支援法パンフレット」の表現を比較し、分かりやすい文書作成の工夫点をまとめた。この報告では、分かりやすい版において、一文の長さは三〇文字程度、句点は必ずつける、振り仮名は必ずつける、などの工夫がされていることが示されている。

羽山（2017）は、二〇一五年度までに発行された政府刊行物の「わかりやすい版」全八冊を取り上げ、このうち一冊の一般向け版と対照する形で分析した。このなかで、全国手をつなぐ育成会連合会「知的障害のある人の合理的配慮」検討協議会（2015）がまとめた「わかりやすい情報提供のガイドライン」の「リーダビリティ」（文章内容の理解しやすさ）に関する項目に注目し、計量調査を行っている。その結果、「わかりやすい版」には「名称等の表記は統一する」、「漢字にはルビをふる」、「漢字が四つ以上連なることばはさける」という点がガイドライン通りの特徴として認められたことなどを明らかにしている。

また、一九九六年に社会福祉法人全日本手をつなぐ育成会によって創刊された知的障害者向け新聞「ステージ」の分析もこれまで行われてきている。打浪（2018）は知的障害のある人も参加した「ステージ」の編集会議でのやりとりを分析し、知的障害者にとって「エンターテインメント」や「ベスト16」といったカタカナ語の理解が難しい点や、「午後四時」が「一六時」と表記されると理解しづらくなる可能性があることなどを指摘した。

及川ほか（2014）は、「ステージ」と朝日新聞のそれぞれの記事を計量的な分析によって比較した。その結果、「ステージ」では朝日新聞のテキストと比べ、具体的な数を「いくつか」などの言葉で言い換えたり、切りのいい数字に書き換えたりすることで分かりやすさを高めていることなどが示されている。

「ステージ」の編集を中心的に担った野沢（2006: 46）は、試行錯誤の末に導いた決まり事として、「一つの文章はできるだけ簡潔に、短くする」、「時間的な経過をさかのぼることはしない」、「抽象的な言葉は避ける」などの方針を紹介している。

こうした実践と研究を通じ、知的障害者にとっての分かりやすさを実現する一般的な方法の大枠がまとまってきており、その方法を踏まえた分かりやすい情報が時事情報[29]を含め少しずつ提供されるようになっている。

一方で、これまで分かりやすい情報が充実してきたプロセスにおいては、羽山（2017）が政府刊行物の「わかりやすい版」について指摘しているように、障害者団体や特別支援学校に所属する知的障害者が協力して作成される場合が多いという特徴がある。元新聞記者の野沢（2006: 18）も、「ステージ」の編集作業について、「知的障害のある編集委員たちは容赦がない。私が同僚や先輩記者に忙しいところを無理を押して協力をお願いしたところ、その原稿にも添削や書き換えの赤ペンが遠慮なく入れられた」と振り返っており、分かりやすさの精度を上げる過程に知的障害者が参加し、当事者の指摘や助言を専門家が生かしてきたことが事実としてある。

狛江市における「わかりやすい選挙広報誌」作成においては、分かりやすく記載するためのアドバイスが文書で立候補予定者に示された[30]ものの、多くの立候補予定者にとっては、知的障害者向けの情報発信に携わった経験があるとは考えにくく、記載に際して当事者の助言も期待できなかったと思われる。このとき立候補予定者が置かれていた状況は、政府刊行物の「わかりやすい版」や「ステージ」が作成された態勢とは大きく異なると言える。「知的障害者にとっての分かりやすさ」についての専門性を期待しづらいという点で、立候補予定者はごく一般人と変わらないとみるのが妥当であり、そのような人が記した文章の分かりやすさについての分析や考察はこれまでのところ見られない。

大井ほか（2016）は、T県の発達障害児等親の会に所属する保護者を対象とした質問紙調査の結果として、「立候補者が何に力を入れているか、簡単に説明したものがあればいい」という要望があったことに触れているが、選挙においてそのような情報が増えていくには、立候補者自身による分かりやすい情報発信の充実がカギのひとつになるであろう。選挙の立候補予定者が目指すべき分かりやすさの方向性を考えるうえでも、狛江市の「わかりやすい選挙広報誌」の考察には意義があると考える。

9-2 「選挙広報誌」作成の経緯

狛江市では二〇一四年一月に東京都知事選の立候補予定者による「わかりやすい演説会」を実施しており、その後、二〇一五年四月の狛江市議選に合わせて新たな取り組みとして行ったのが「わかりやすい選挙広報誌」作成である。狛江市役所の平林浩一氏は第4章でも引用したインタビューのなかで、「市議選は立候補者の人数が多いので、演説会の長時間化に耐えられないだろう。一〇分（演説者一人当たりの演説時間のこと：筆者注）にしても無理。演説会という手法は無理でしょうね、という発想が第一だった」と述べ、次善の策として広報誌の作成が浮上したと説明している。

ただ、公職選挙法の規定[31]により、公式の選挙公報の発行は一回のみに限られているため、「わかりやすい選挙広報誌」はあくまで非公式の扱いとなり、作成の主体は、狛江市手をつなぐ親の会と狛江市障害福祉サービス等事業所連絡会が担った。また、公職選挙法に抵触する恐れを一切排除するため、選挙の告示までに「わかりやすい選挙広報誌」の配布に至るすべてのプロセスを終える段取りをとった。

平林氏と共に取り組みを推進した森井道子氏（狛江市手をつなぐ親の会会長）の説明によれば、すべての立候補予定者を公平に取り扱うことにとりわけ心を砕いたという。告示前というタイミングでは、立候補者が正式に出そろっているわけではないため、出馬に動いている人物の有無を確認することに手間と時間を要することとなった。仮に立候補予定者の存在を十分に把握できず、広報誌の作成依頼に多くの漏れが出てしまったということになれば、広報誌の信頼性を損なうことにもなりかねないからである。また、立候補予定者によって「わかりやすい選挙広報誌」の記入にかけられる日数に差が出る事態も好ましくないため、各立候補予定者に依頼文書が届くタイミングを合わせることにも気を配ったと、森井氏は述べている。

二〇一五年三月二〇日付で各立候補予定者に出された依頼文「わかりやすい選挙広報誌について―（依頼）―知的・発達障害者の人にも『わかりやすい選挙情報』を提供してください―」は、以下のように趣旨を説明している。

> 障害があっても適切な合理的配慮があれば選挙権の行使が出来ることの事例を積み重ねることをもって、公職選挙法の改正に繋がり、ひいては社会における障害理解、より豊かな共生社会の実現に繋がりますように、今回の試みを行う所存です。是非、候補者の皆様には、そうした支援が必要な方がいること、必要な情報を求めていることをご理解いただき、そして有効な情報提供のあり方を共にご検討いただけましたら幸いです。

選挙の告示日は四月一九日だったが、原稿の締め切りは四月二日とした。記入期間は、依頼文の発出（三月二〇日）から締め切り（四月二日）まで一四日間設けた形となった。

「わかりやすい選挙広報誌」の様式は立候補予定者一人当たりA4版一枚で、上半分には立候補予定者の写真の掲載部分があるほか、名前、所属団体名、居住地を記載してもらうスタイルとした。下半分では「1．私たちが毎日幸せに暮らすため、あなたは何をがんばりますか？　そのために何をしますか？」という質問への回答を求め、自由記述欄も設けられた。

立候補予定者が記入した原文をそのまま印刷し、先着順でページを組み、最終的にA5サイズ（A4の半分）に縮小して冊子体として完成させた。

立候補予定者への協力依頼時には、記入の参考になるよう、狛江市で作成した「知的障がい者の選挙権行使のための支援のあり方ハンドブック」[32]などを同封したが、公平性を期すため、記載方法などに関する個別の質問には応じない方針を徹底したという。

「わかりやすい選挙広報誌」作成の依頼は、狛江市手をつなぐ親の会が依頼文の発出段階で立候補の可能性があると判断した二九人に対して出された。このうち、出馬に至らなかった人もおり、作成依頼を受けた人のうち、最終的に立候補したのは二六人で、期限までに作成に応じた人はこのうち二四人だった。つまり、結果的にこの二四人分の訴えが「わかりやすい選挙広報誌」に掲載された。完成した「わかりやすい選挙広報誌」は告示日前日までに知的障害者の作業所などに配布された。

ただ、このときは課題がひとつ残った。実際に立候補した人数は最終的に二七人で、このうち一人は、親の会が事前に立候補の動きを把握できず、広報誌の作成依頼ができなかった点である。つまり、この人物は「わかりやすい選挙広報誌」の記載の機会を与えられない形となった。親の会としては、告示前に広報誌を仕上げて配布するという窮屈なスケジュールを余儀なくされており、致し方ない面があるとはいえ、広報誌の公平性に傷がついたことは指摘しなければならない。

9-3 文章表現上の分かりやすさ

9-3-1 調査方法

「わかりやすい選挙広報誌」がどの程度分かりやすく書かれているかを明らかにするため、二〇一五年市議選の際に初めて作成された広報誌の設問「1．私たちが毎日幸せに暮らすために、あなたは何をがんばりますか？ そのために何をしますか？」、また、自由記述欄に二四人が記載した内容を対象として調査する。

「分かりやすさ」の基準の設定に際しては、「知的障害のある人の合理的配慮」検討協議会（2015）「わかりやすい情報提供のガイドライン」を参照した。このガイドラインは「知的障害により文字を読んだり、読んだ内容を理解することに難しさをもつ人たちが、一般の人たちと同じように、さまざまな情報を得て、自分の生活を豊かに生きることを支援する」目的で作られ、情報を分かりやすくするための具体的なノウハウを示している。羽山（2017）が指摘するように、このガイドラインは「実際の取り組みの中で得られた経験的な知見であり、科学的に『わかりやすさ』が証明されているわけではない」が、「少なくとも一定の知的障害者にとって、わかりやすい文章のためのポイントとなっているとは確か」（羽山 2017: 149）であるため、調査項目の基準とすることが妥当であると判断した。

このガイドラインに示されている項目のうち、「わかりやすい選挙広報誌」への文章の記載及び文章の読みやすさに関わる項目、また、できているかどうかの判定がしやすい項目を以下のように八つにまとめた。丸囲み数字は本調査での調査順として筆者が付したものである。

①常とう句を除いて、漢字が四つ以上連なることばは避ける。
②常とう句を除く単語には、小学校二～三年生までの漢字を使う。
③漢字にはルビをふる。
④比喩や隠喩、擬人法、二重否定は使わない。
⑤一文は三〇字以内を目安にする。
⑥文字は、一二ポイント以上のサイズを使う。
⑦意味のある単位で分かち書き[33]にする。
⑧もっとも伝達したいことやキーワードは、色分けや太字、囲みなどで強調する。

ガイドラインには上記の項目以外に、例えば「具体的な情報を入れる」や「必要のない情報や表現はできるだけ削除する」といった項目があったが、何が具体的な情報か、何が必要のない情報かといったことについて、客観的な判断を下すことが難しいため、調査項目としては採用しなかった。また、調査項目に入れた「①常とう句を除いて、漢字が四つ以上連なることばは避ける」、「②常とう句を除く単語には、小学校二～三年生までの漢字を使う」の「常とう句」についても、ガイドラインには「ある場面にいつもきまって使われることば」と書かれているだけで、何が具体的に常とう句に当たるかの判断は困難だが、本調査においては便宜的に、地名や人名、組織名といった固有名詞や法令名を「常とう句」として扱うこととした。

二〇一九年の市議選時に二回目として作成された「わかりやすい選挙広報誌」も同じように分析し、一回目の広報誌と比べ、文章表現上の「分かりやすさ」がどのように変化したかを見る。

9-3-2 調査結果

9-3-2-1 漢字が四つ以上連なることばは避ける

「漢字が四つ以上連なることば」は、ここでは、あいだにアルファベットやアラビア数字、記号類、空白などが入らない漢字のみが四つ以上続く言葉として扱う。この項目では、「わかりやすい選挙広報誌」の掲載者二四人中一四人が「漢字が四つ以上連なることば」を使っておらず、この項目の「分かりやすさ」を満たしている人の割合[34]は五八・三%だった。この広報誌の主催者側が立候補予定者に渡した「知的障がい者の選挙権行使のための支援のあり方ハンドブック」は、「漢字が四つ以上連なることばは避ける」という点には触れていなかったが、結果的に、半分以上の立候補予定者が漢字列の長い言葉を使わない傾向にあった。

一方で、使用されていた「漢字が四つ以上連なることば」[35]の例としては、「福祉分野」や「共生社会」、「介護保険」、「負担軽減」、「福祉環境」、「行政改革」がある。立候補予定者が広報誌で使用した「漢字が四つ以上連なることば」には、それがどういう意味であるかについて理解の助けになる補足的な説明はどれも付いておらず、読み手にとって意味を捉えるのが難しい言葉もあったと思われる。

羽山（2017）が行った政府刊行物の「わかりやすい版」八冊の調査によると、「共生社会」や「地域社会」、「合理的配慮」などの言葉が使われた場合、その言葉の意味について説明が加えられているケースが一定数あることが明らかになっている。政府刊行物の「わかりやすい版」と比べると、「わかりやすい選挙広報誌」では長い漢字列の言葉の扱いに配慮が不足していることが指摘できる。

9-3-2-2　小学校一～三年生までの漢字を　漢字にはルビを

それぞれの立候補予定者が使用した漢字全体（異なり字数で集計）のうち、小学三年生までに学習する漢字の占める割合は、最も高い部類の人で八〇％台、最も低い人で四〇・〇％だった。二四人中二一人はその割合が五〇％を超えていた。羽山（2017）による政府刊行物の「わかりやすい版」八冊の調査では、最高が五八・三％、最低が五〇・八％と全て五〇％台という結果になっている。狛江市の「わかりやすい選挙広報誌」は政府刊行物の「わかりやすい版」と比べて個々のばらつきがあるものの、漢字のやさしさは一定程度確保されていると言うことができるだろう。

「③漢字にはルビをふる」は、二四人中二一人ができていた。狛江市の「知的障がい者の選挙権行使のための支援のあり方ハンドブック」には、「【漢字にはルビを振る】難しい漢字は使わないでください（『林檎』『蜜柑など』）」と書かれていることもあり、やさしい漢字の使用とルビの必要性が、立候補予定者にある程度認識されていたとみられる。

9-3-2-3　比喩や隠喩、擬人法、二重否定は使わない

「比喩や隠喩、擬人法、二重否定は使わない」については二四人全員の記載内容がこの条件を満たしていた。考えられる理由としては、多くの立候補予定者が選挙広報誌の性質上、「……したい」、「……します」という文末表現を用いながら、自治体行政に関する自分の訴えを記しているため、そもそも隠喩や二重否定を含むような比較的複雑な文構造がこの広報誌には馴染まない面があることも推察される。

狛江市のハンドブックは「比喩、擬人法、二重否定は避けてください」と求めるとともに、「×『暑さによって睡眠不足になることも少なくない』→○『暑さによって睡眠不足になることもある』」という書き換え例を記している。

9-3-2-4　一文三〇字以内を目安に

記載内容の平均字数については、各立候補予定者が記入した総字数を文の数で割る計算方法で調べた[36]。その結果、一文の平均文字数が三〇字以内[37]だったのは二四人中一一人で、この項目を満たた

した人の数は全体の半数を下回った。
一文の平均文字数が最も少なかった人は一八・二字で、最も多かった人は五三・八字に達した。一〇文字台が二人、二〇文字台が九人、三〇文字台が七人、四〇文字台が四人、五〇文字台が二人と、ばらつきがみられた。狛江市のハンドブックには「文章は短く、シンプルに」と記されているが、「どの程度の短さが適切か」ということまでは理解が行き渡っていなかったもようである。

9-3-2-5　文字サイズは、一二ポイント以上

記載した立候補予定者二四人の半数を上回る一三人の文字が、概ね一二ポイント以上になっていた[38]。狛江市のハンドブックは「知的障がい者は読みやすい大きな文字を好みます。通常も文字は一二～一四ポイントの大きさが適当です」とはっきりアドバイスしていた。
ただ、この広報誌作成にあたっては、立候補予定者はA４版の用紙に記載して提出し、その後、主催者側が冊子にする際にA４の半分サイズであるA５に縮小した経緯がある[39]。そのため、もともと立候補予定者は一二ポイント以上で記載したのに、印刷後に一二ポイントを下回ったケースが生じた可能性もある。これは、広報誌作成の企画及び製本段階の課題として捉えるべき点となる。

9-3-2-6　意味のある単位で分かち書き

二四人のうち、分かち書きをしている人はひとりもいなかった。

狛江市のハンドブックには「余白や行間を広くする」ことや「文章は短いブロックに分け」ること、「文字を詰めすぎない」ことをアドバイスとして、例文とともに記しているが、分かち書きには明確には言及していない。立候補予定者の記載内容を見てみると、行間の広さを意識している人は一定数いる。しかし、分かち書きという工夫までは至っていないことを踏まえると、少なくとも、この広報誌が作成された二〇一五年の段階では、知的障害者にとっての視覚的な文章の分かりやすさを高める分かち書きという方法が、まだ一般には浸透していなかったと言えそうである。

9-3-2-7　もっとも伝達したいことは、色分けや太字、囲み

色分けや太字、囲みなどでキーワードを強調していたのは二四人中七人のみだった。狛江市のハンドブックは「文字と紙の背景や、色とのコントラストは十分にはっきりしたものにします」、「文字を強調したいときには太字が効果的です」と記しているが、色や太字を使ったキーワードの強調にはあまりつながらなかった。

キーワードを強調していた事例としては、ある立候補予定者が「誰もが安心して共生できる狛江のまちをつくります」という文章のうち、「安心」、「共生」、「狛江」をオレンジ色の太字にして、それ以外の黒字から際立つように工夫していた。

また別の立候補予定者は基本的に黒で記していたが、以下に説明するような変化をつけていた。

みんなが**のびのび**生活できるまちにします。
子どもたちが**すくすく**育つまちにします。
みんなが**いきいき**活躍できるまちにします。
みんなで**わくわく**できるまちづくりをしましょう！

上記の「のびのび」、「すくすく」、「いきいき」、「わくわく」は太字かつ青緑系統の色に変え、そのほかの黒字の部分との違いを出していた。

キーワードを強調していた七人のうち、三人は色の変化と太字の両方を同時に用い、四人は色は変えず、太字のみ使っていた。

9-3-2-8　第二回広報誌との比較

二〇一九年の狛江市議選で作成された第二回目の「わかりやすい選挙広報誌」[40]についても、質問への回答部分と「ひとことメッセージ」の記載内容の「分かりやすさ」を同じように八項目で判定したところ、全体として二〇一五年の広報誌より「分かりやすさ」が向上していた。

「常とう句を除いて、漢字が四つ以上連なることばは避ける」の項目は、記載した立候補予定者二三人中一九人が満たしており、二〇一五年の二四人中一四人から割合が高まった。同様に、「一文は三〇字以内を目安にする」を平均で満たしていた人は二〇一五年の二四人中一一人から二〇一九年は二三人中一七人に、「文字は、一二ポイント以上のサイズを使う」は二四人中一三人から二三人中一五人に、「意味のある単位で分かち書きにする」は二四人中0人から二三人中九人に、「もっとも伝達したいことやキーワードは、色分けや太字、囲みなどで強調する」は二四人中七人から二三人中一二人にそれぞれ割合が増えていた。

一方、「常とう句を除く単語には、小学校二～三年生までの漢字を使う」の項目では、各立候補予定者が使用した漢字全体（異なり字数で集計）のうち、小学三年生までに学習する漢字が五〇％を超えていた人の割合は、二〇一五年の二四人中二一人から二〇一九年には二三人中二一人に、「漢字にはルビをふる」は二四人中二一人から二三人中二〇人になり、いずれもほぼ横ばいだった。「比喩や隠喩、擬人法、二重否定は使わない」は二〇一九年の広報誌も前回同様、全員が満たしていた。

二〇一五年の「わかりやすい選挙広報誌」の作成依頼を行った際には、「知的障がい者の選挙権行使のための支援のあり方ハンドブック」（一〇ページで構成）などが立候補予定者に配布されたが、二〇一九年のときは、多忙な立候補予定者でも読んでもらえるよう、A3の紙一枚に簡潔にまとめた『わかりやすい選挙広報誌』の簡単ガイド」が立候補予定者向けの参考資料として用意された。ガイドには、「分かりやすさ」のポイントを踏まえた広報誌の具体的な記載例をサンプルとして示したうえで、ポイントを以下のように説明している。

1：「漢字にはルビ」「小学二～三年生までの漢字を中心に」

知的障がいのある方は、漢字の読みに苦労するケースがよくあります。

2：「漢字四つ以上の連なりを避ける」

「ひとことメッセージ」の例文を「みんなが安心して、なかよくできるまちにします！」としましたが、普通であれば、「安心安全」や「共生社会」という言葉を使いたくなるかもしれません。長い漢字列をかみ砕いて表現することで、わかりやすくなります。

3：「一文は三〇字以内を目安に」

一文が長くなればなるほど、意味をつかむのが難しくなります。

4：「文字は一二ポイント以上に」

冊子はＡ5サイズに縮小されますので、記入の際は一二ポイントよりさらに大きくしたほうがいいです。左の例文は一八ポイントで書いています。

5：「分かち書きを」

文節などの間に空間を挟む「分かち書き」をすると、読みやすさが増します。

6：「色分け、太字を活用」

強調したい部分やキーワードを太字にしたり、色分けしたりすることで、相手に伝わりやすくなります。

7：「比喩、隠喩、擬人法、二重否定を使わない」

シンプルで明快な文章が一番です。

第一回目の広報誌の記載内容から見つかった課題を踏まえ、一文の適切な文字数を具体的に示したほか、漢字四つ以上の連なりや文字サイズに対する注意や分かち書きの重要性などに目を向けてもらおうという内容になっている。二〇一九年の広報誌の記載内容が二〇一五年のものと比べ、文章表現上分かりやすくなった背景のひとつとして、このガイドの効果があるかもしれない。

また、第二回目の広報誌の作成に応じた立候補予定者二三人のうち一九人は第一回目の広報誌も記載していた。経験を重ねたことで、知的障害者にとって理解しやすい記載方法に慣れた可能性もあるだろう。

9-4 分かりやすい判断材料の提供

9-3では「わかりやすい選挙広報誌」において文章表現上の分かりやすさがどの程度実現されてきたかを見たが、次にここでは、そもそも投票先の判断材料としてどのような情報を知的障害者に提供すれば、当事者にとって使い勝手の良い情報であり得るのかという、もうひとつの議論に移りたい。

狛江市役所の幹部として「わかりやすい選挙」を推進してきた平林浩一氏は二〇一七年に市内で行われた講演で、「政治や政策といった話題は、法律や制度などに関する文章や説明が多く、内容が抽象的なことに加え表現も硬く、理解へのハードルが最も高い部類の一つとも考えられます。単に漢字にルビを振り、文字を大きくするだけでは、知的障害のある人に分かりやすい情報とは言えません」と述べている。文章表現の改善だけでなく、数多い公約情報のなかから何が伝えられるべきかを突き詰めて考えてきたことが狛江市の投票支援の重要な特徴と言える。

9-4-1 調査方法（議員の意識）

まず、「わかりやすい選挙広報誌」に立候補予定者が何を書き、何を知的障害者に伝えようとしていたかについて、議員に対する質問紙調査を通じて見ていく。調査は第一回の広報誌が作成された二〇一五年の市議会議員選挙で当選した議員二二人を対象とした。アンケート用紙（無記名自記式）と依頼文は、二〇一八年一二月七日付で議会事務局を通じて各議員に配布してもらった。調査実施に当たっては、直接、当時の市議会議長に趣旨を説明し、了承を得た。また、調査依頼文には、回答内容の発表に際してはすべて匿名扱いとし、個人情報の保護に最大限配慮すること、回収したアンケート用紙を施錠したロッカーに保管し、五年後に破棄することなどの説明を記し、各議員に返送協力を依頼した。

その結果、二〇一九年三月までに一〇人から回答を得た（回収率四五・五％）。一〇人はいずれも「わかりやすい選挙広報誌」を書き、自身の公約などが「広報誌」に掲載されている。アンケートの回答内容は手作業で集計し、記述欄については類似した内容ごとに分類した。

表7 「記載内容をどう決めたか」の回答

障がい者の方の日常生活を思い描きながら、関わりや関心を持つものを考え、選んだ。やはり福祉分野、障がい福祉分野になった。
長い間、また現在（広報誌作成時）も健常者と比べ、さまざまな不利な立場に置かれているであろう障がい者の方々がまずご関心をお持ちであろうポイントを想像して書かせて（選ばせて）いただきました。
障がいのある方が地域で自立して暮らす上で、大切なことを中心に選んだ。
知的障がい者の方々の日常生活を思い浮かべながら、勉強のことや仕事のこと、住まいのこと、平和のことなどをとりあげました。
障がい者の皆さんに関係が深いものを選びました。
私の公約の中からみなさんに関連したものを選びました。
特に障がい者にかかわることや、すべての市民に共通したことなどを選びました。
特に障がい者にかかわることや、すべての市民に共通したことなどを選びました。
障がいのある人もない人も、人として生きる、暮らせるために、重点としての三つを書きました。
自分の公約の優先順位の最上位のもの。
平和の問題を取り上げていました。戦争（争い事）のない世の中が一番大切な事であり、誰もが平和で暮らす権利があります。

9-4-2 調査結果

9-4-2-1 記載内容をどう決めたか

第一回目の「わかりやすい選挙広報誌」には自由記述欄が設けられていたが、各議員が自分の数多くの選挙公約のなかから「広報誌」に書く内容をどのような考えで選んだかを自由記述で質問したところ、一〇人全員がアンケートに回答（複数の考えを記載した回答者も存在）した。「広報誌」に優先的に書いた自分の公約として、「障害者関連」が七人、「すべての市民関連」が二人、「自分の公約の優先順位で判断」が二人と分類できた。

「障害者関連」の公約を優先した人の考え方としては、「障がい者の方の日常生活を思い描きながら、関わりや関心を持つものを考え、選んだ。やはり福祉分野、障がい福祉分野になった」や「さまざまな不利な立場に置かれているであろう障がい者の方々がまずご関心をお持ちであろうポイントを想像して

表8　「ほしい参考情報やアドバイスは？」の主な回答内容

・自分自身の問題だと思いますが、もっと現場に足をはこび、知的障がい者の方々の思いや保護者の思いを直接聞く機会をふやすことが大切と思いました。またそういう機会の提供があれば助かります。
・障がい者の方々と日頃交流し、要望などを聞かせていただいていることが大事なことだと思いました。懇談会の申し入れも行い、全議員が参加して話させていただきましたが、もっと頻繁に行っていただけるといいと思いました。
・障がい特性に応じた情報提供は重要だと実感した。障がいの特性をもっと深く学ぶことが必要と感じる。
・選挙準備でバタバタしている中での「わかりやすい選挙広報誌」の原稿依頼でした。時間的に余裕が欲しいというのが正直な気持ちです。
・特にありませんが、私自身として心がけた点は、小学生に読んでいただいてもわかることを注意しました。
・自分で工夫することですが、字の大きさや、いくつくらい書くかなど。
・1ページ当たりの文字数はどれぐらいに抑えたほうが良い（必然、文字の大きさはこれくらい大きいほうがいい）とか、グラフなどは入れないほうが良い（ちょっとそこまでは読解できない等）とか、写真は入っていたほうが良い等あれば良いかな？と思います。（ボリュームの制限もありますが…）
・親の会主催の演説会を何度か見てきたので、私なりに分かりやすく伝えることを少しは理解していたので、特にこれ以上の参考情報等は必要ないと思います。

書かせて（選ばせて）いただきました」という記述があった。つまり、知的障害のある有権者は障害に関連した政策・公約を知りたいはずだという思いが、立候補予定者のなかに強くあることがうかがえる。

9-4-2-2　どんな参考情報がほしいか

一方で、別の質問への回答から、知的障害を持つ市民の思いにもっと触れ、ニーズをより正確に理解したいという希望も浮かび上がっている。「分かりやすく書こうとするうえで、どのような参考情報やアドバイスがあればより良かったと思いますか」という質問に対して、九人が自由記述しているが、具体的な要望などを記した六人のうち、三人が「知的障害者の希望や障害特性をもっと知りたい」という分類に入る回答をした。このなかには「もっと現場に足をはこび、知的障がい者の方々の思いや保護者の思いを直接聞く機会をふやすことが大切と思いました。またそういう機会の提供があれば助かります」という声があった。また、「障がい者の方々と日頃交流し、要望などを聞かせていただいていることが大事なことだと思いました」という考えも示された。

アンケートの回答者の多くが「知的障害者は福祉政策に関心を持っているに違いない」という考えを抱いているとみられる一方で、必ずしも障害者の実際の思いを把握できているわけではなく、正確な認識を得るために、生の声にもっと触れる必要性を感じている面もあるとみることができそうである。

ほかの記述としては、選挙準備で忙しいなかでの広報誌執筆となったため、時間的余裕をもっとほしいという要望が一人から出ていた。また、分かりやすく書く技術的なアドバイスをさらに求める声が二人から上がった。

9-4-3　広報誌の設問をめぐる議論

次に、主催者側が「わかりやすい選挙広報誌」で立候補予定者に回答してもらう質問の内容をどのように考えて決めてきたかについて、主催者側から提供された内部資料や主催者側の事実確認をもとに整理していく。それにより、主催者側が「広報誌」を通じて、当事者に対して、投票の判断材料として何を届けることが望ましいと考えているかがみえてくるはずである。

二〇一九年の市議会議員選挙の際に第二回目の「わかりやすい選挙広報誌」が作成されたが、「広報誌」の準備が動き出したこの年の一月、市役所幹部の平林氏からは、文字情報が中心の「広報誌」が立候補者の人柄、政策、所属政党のうち、各立候補予定者の「政策」を整理し、政策本位での投票先の判断につながることが望ましいだろうという提案がなされた。また、質問の設定に際しては、結果的に各立候補予定者の回答内容が偏るようでは当事者にとって判断材料にならないという懸念も示された。つまり、例えば、「生活支援拠点は必要ですか?」と立候補予定者に問いかけた結果、全員が「はい」と答えてしまうと、比較ができなくなるため、設問には回答者それぞれの見解の違いが反映されるような工夫が必要ということである。

また、「当事者が聞きたいと思っていること」を質問内容に反映することの重要性についても、少なくとも二〇一九年の段階で、主催者間で共有されていたことが企画会議の記録からうかがえる。二〇一九年発行の狛江市手をつなぐ親の会会報は、第二回の「わかりやすい選挙広報誌」作成を振り返る記事のなかで以下のように記している。

（「広報誌」を）手に取る当事者にとって、分かりやすかったか？〝二〇一五年の広報誌＝支援者の視点〟から〝二〇一九年の広報誌＝当事者の視点〟への転換を模索。実施した「アンケート」の試みから「話し合う場」の設定の必要性がわかってきました。その「話し合う場」のための「聞き出すスキル」、選挙に限らず「繰り返される日常の中の意思決定支援」の必要性が明確になり、日常で育まれる意思決定の重要さを再確認することにつながりました。

「広報誌」の質問を決めるために当時行った当事者アンケートの結果の記録は残っていないというが、狛江市障害福祉サービス等事業所連絡会のわかりやすい選挙プロジェクトチームで代表を務める橋爪克幸氏は、そのとき各施設を通じて当事者に聴き取りを行ったうえで、広範囲に及んだ当事者の疑問・関心を「最大公約数的にまとめた結果」として、「私たち障がい者が何に困っていると思いますか？　その問題を解決するため、どんなことをしますか？」という設問に至ったと述べている。

当事者の知りたいことを重視する主催者側の姿勢は、その後の取り組みにも反映されている。二〇二一年の東京都議会議員選挙で政見動画の作成を立候補予定者に依頼した際には、立候補予定者に動画のなかで話してもらうテーマについて、当事者の聴き取りをもとに要請を行っている。この当時はコロナ禍のさなかとあって、当事者の関心はコロナ関係が多くなっている。なお、聴き取りは事業所連絡会に所属する作業所が行っており、そのなかには精神障害者や身体障害者の作業所も含まれているため、ここに現れる当事者の要望や疑問は知的障害者から出されたものに限定されていない。以下は主催者から都議選の立候補予定者に向けた文書の内容の一部である。

狛江市障害福祉サービス等事業所連絡会わかりやすい選挙プロジェクトチームの通所事業所をご利用のみなさんに、都議会議員になる人に話していただきたいことは何か尋ねたところ、以下のようなことが挙げられました。

こちらをご覧いただいた上で「①いまの東京のことをどう思いますか。」「②当選したら特に何をしたいですか。」の二点をテーマとして演説くださいますようお願いいたします。

・全ての車いす用トイレ（誰でもトイレ）にベッドを設置してほしい。
・私たちの事（重度身体障がい者）を知ってほしい。
・コロナ関連で、コロナウイルス対応／対策として、市民グラウンドにＰＣＲ検査やワクチン接種等の仮設施設をつくり、（自分達含め）市民の健康・安全を守って欲しい。
・方針など（具体的にはなかったのですが）、ズバット？ はっきり言える人が良い。（吉田茂のような人）
・生活困窮者への一〇万円給付お願いします。困っています。
・生活保護費が下げられてしまったので、元の金額に戻して欲しい。
・今までに無いこと（建物、イベントなど）を始める予定はありますか。
・東京オリンピック、パラリンピックについてどう思いますか。
・私たちが楽しめるイベントを考えて欲しい。
・工賃をあげて欲しい。
・早くマスクを外せるようになりたい。
・コロナのワクチンを誰にでも早く出来るようにして欲しい。私は六〇代だけど、若い人にも打って早くコロナを終わらせたい。
・このコロナの状態でオリンピックを本当にやるのか。どのような判断でそうなっているのか。
・コロナのストップ（営業自粛）について説明して欲しい。飲食店ばかりなのはなぜ？　アルコールは分かるが、他はやっているじゃないか。やるなら（酒屋とか）全部やるべきじゃないか！　中途半端！
・緊急事態宣言の意味がわからない。コロナの大変なところをしりたい。
・コロナ以外の話をして欲しい。
・福祉を考えてもらいたい。国にしっかり言ってもらいたい。
・（緊急事態宣言の要請を）ちゃんと聞いている（守っている）人と聞いていない（守っていない）人がいる。
・早くマスクをなくして欲しい。
・どこにも出掛けられない！　旅行行きたい！　食事、ランチ、食べに行きたい！

再び「わかりやすい選挙広報誌」の話に戻す。二〇一五年市議選時に発行された最初の「広報誌」の設問は「私たちが毎日幸せに暮らすために、あなたは何をがんばりますか？　そのために何をしますか？」という質問と自由記述であり、二〇一九年の第二回目は「私たち障がい者が何に困っていると思いますか？　その問題を解決するため、どんなことをしますか？」と「ひとことメッセージ」への記載を求める形だった。これは、当事者の聴き取りに基づく「最大公約数」としてまとめられた「聞きたいこと」と、立候補予定者の「言いたいこと」の組み合わせに落ち着いており、この設問スタイルが「今のベストかもしれません」（橋爪氏）と主催者側は現時点で評価している。ただ、第8章でも見た通り、軽度知的障害のある人たちも地域社会に対してさまざまな問題意識を抱いており、橋爪氏も「本当にその人たち（＝当事者：筆者注）が思っていることを捉えきれているのかというと、違う部分もあるかなという思いもある」と述べており、当事者の「聞きたいこと」をどのようにまとめるかという点には課題を残している。

ところで、政策本位の「広報誌」という性格が定まってきた一方で、立候補予定者の人柄をできるだけ分かりやすく伝えようという工夫も行われている。第二回目の「広報誌」作成の際には、立候補予定者が記入する提出用紙の写真欄に「証明写真のようなかしこまったものより、立候補予定者の個性や人柄が現れる写真がのぞましいです」と書かれており、立候補予定者に対し、写真選びに知恵を絞ってもらえるよう依頼している。その結果、二〇一五年の最初の「広報誌」ではほとんどの写真がスーツを着た立候補予定者の胸から上の姿で、表情としては笑顔を見せているぐらいだったが、二〇一九年の「広報誌」では、犬を抱いている姿や、ガッツポーズなど手の表情も加えた様子、普段着姿、立候補予定者を描いたイラスト、お祭り会場とみられる場所でのリラックスした様子、はっぴを着てみこしを担ぐ姿、運動会に参加しているような雰囲気で鉢巻を頭に締めた姿、また、自分の子供とみられる幼児を自転車の後部座席に乗せて送り迎えをしているような様子など、立候補予定者の写真の表情が一気に多様性を帯びていた。

9-4-4　ボートマッチの企画

「わかりやすい選挙広報誌」を含め、当事者に提供した分かりやすい公約情報をより有効に活用してもらおうという主催者側の試みとして、二〇一九年には「ボートマッチ」について検討されていた。このときは準備が間に合わず結果的に実現しなかったが、狛江市の投票支援が目指す分かりやすさの方向性を示すものであるため、当時の内部資料をもとに記録する。

まず「ボートマッチ」とは、さまざまな政治の争点について自分の考え方を確認していくことで自分に合った立候補者や政党を見つける試みで、朝日新聞や毎日新聞などさまざまなメディアがオンライン上で行っている。狛江市の「わかりやすい選挙」の主催者間で共有された「狛江市議会議員選挙に向けた『ボートマッチ講座』実施企画書（案）」（二〇一九年一月一一日付）によると、実施の目的として「得られた情報を活用するという新しいステップとして、立候補者の政策を比較する手法について、一緒に学習する」ことを掲げていた。その背景として、市議会議員選挙は立候補者数が多いため、多くの選択肢から一人を選ぶ方法を身につける必要があるということ、また、地域性の強い公約が並ぶ傾向のある市議選では政党色が薄くなるため、好みの政党で投票先を選ぶことがしづらく、各立候補者の公約を判断基準にする必要性が高まることが企画書案には記されている。

ボートマッチの行い方としては、各立候補者の公約を比較表に整理したうえで、当事者と支援者がグループを作って話し合い、比較表に示された各立候補者の公約について賛成できる点や問題点などを指摘しながら、支持できる立候補者を見つけていくことを想定している。このひとつ前の段階として、立候補予定者に対し、当事者の意見も反映させた公開質問状を送り、公約について回答を得て、比較表づくりの材料とすることが考えられていた。また、話し合いを通じて好みの立候補者を見つけていく際には、中立の立場でサポートできる「ファシリテーター」が必要であるとの見解も企画書案には示されていた。立候補予定者に回答を求める公開質問状の内容を決めたり、立候補予定者の公約を比較表に整理したりするときにも、一定の専門性を有した人物の関与が望ましいという考えも企画書案に記されている。

狛江市の投票支援に携わる関係者会合の議事録によると、二〇一九年二月の会合で、将来的な本格実施も視野に、まずは選挙について比較的理解している当事者を中心にボートマッチを実験的に行い、選挙における情報の整理や意思決定にどのように貢献できるか試してみようという方針が確認された。このときは実施には至らなかったが、狛江市の投票支援においては、市議選の公約情報を当事者にただ届けるだけでなく、当事者が自分の考えと比較しながら選ぶ機会を提供する必要もあるという認識が主催者の間で共有されていたことが分かった。

9-5　小括と考察

狛江市の投票支援においては、公約情報の分かりやすさを二つの視点から見ていることが分かった。ひとつ目は知的障害者の情報保障における一般的な分かりやすさを満たそうとするものである。狛江市でこれまで市議選の際に作成された「わかりやすい選挙広報誌」においては、「一文は三〇字以内を目安にする」などの基準に照らして一回目と二回目の広報誌を比較したところ、知的障害者にとっての文章表現上の分かりやすさが向上していたことが明らかになった。主催者側が二回目の広報誌作成依頼の際に、一回目の課題を踏まえた「分かりやすさのコツ」を立候補予定者に提供したことに加え、立候補予定者が回を重ね、執筆経験を蓄積したことがプラスに作用した可能性がある。

狛江市の投票支援における分かりやすさのもうひとつの考え方は、当事者が知りたいと思っている公約情報を分かりやすく提供することが重要であるということである。

議員アンケートの結果、回答者の多くは当事者が障害者関連の公約を知りたがっていると考えていることが分かったが、一方で、知的障害者の希望や思いをもっと把握する必要があるという認識も一部に見られた。主催者側としては、「わかりやすい選挙広報誌」を主に政策本位で判断するための材料と位置づけ、二回目の「広報誌」作成に際しては、当事者が知りたいことをもとに設問を行おうという発想で臨んだ。そこで、主催者側が当事者に聴き取りを行った結果として、第二回目の設問は「私たち障がい者が何に困っていると思いますか？　その問題を解決するため、どんなことをしますか？」という内容になり、これと共に「ひとことメッセージ」の記載も求める形になった。つまり、当事者の「聞きたいこと」と立候補予定者の「言いたいこと」の組み合わせである。

また、「広報誌」に掲載する立候補予定者の写真の工夫も見られた。二回目の作成時には、より表情の多い写真の選択を立候補予定者に求め、当事者にとっての判断材料を増やそうという狙いがうかがえた。

「ボートマッチ」の企画案からは、主催者側は当事者に対し、単に分かりやすい公約情報を提供するだけでなく、当事者が情報をより有効活用したうえで投票先を判断できるような支援も視野に入れていることが分かった。これは、軽度知的障害者が選挙の仕組みを理解できていなくても、立候補者の公約を分かりやすく説明してあげれば、本人の希望や問題意識と結び付けて投票先を選べる可能性があるという第8章の結果に一層応えていこうというような動きと見ることもできる。ところで、「ボートマッチ」の企画段階では、この取り組みに専門家が関与し、立候補予定者から集まった公約情報を整理したり、解釈して説明したりして、当事者の理解と選択を後押しすることが想定されており、立候補予定者自身が作成した情報に手を加えないことを重視してきた従来のスタイルから一歩踏み込むことになる可能性が高い。実際にこの企画を行うとなれば、専門家としてどのような人物が関わり、立候補者の公約を何を根拠にどこまでかみ砕いて説明すべきかなど、整理すべき新たな課題が多く出てくるものと考えられる。

何をどう伝え、さらに、伝えた情報をどのように活用してもらおうかということまで追求する狛江市のこうした取り組み姿勢には、主権者教育に対する狛江市の独自の考え方が反映しているとも言えそうである。狛江市はまず二〇〇三年施行の「狛江市の市民参加と市民協働の推進に関する基本条例」のなかで、「青少年及び子どもについても、年齢にふさわしい市民参加の権利を有する」、「市民参加の手続きを行うときは、それぞれの施策にふさわしく、かつ、年齢、性別、障がいの有無及び職業等の状況によって、市民が行政活動に参加する機会を失することがないよう適切な方法を選択しなければならない」と規定し、幅広い市民の社会参加に配慮する姿勢を示した。そして、二〇一八年には「狛江市総合的な主権者教育計画」が策定された。この計画は障害の有無にかかわらず、誰もが自立した主権者として社会の構成員になれることを目指し、市として、正しく分かりやすい情報を提供するとともに、さまざまな体験を通して意思決定を支援していく姿勢を明確に打ち出している。さらに、これに続いて二〇二一年には「わかりやすい主権者教育の手引き」ができた。この手引きは特別支援学校の教員や通所施設の職員、保護者らが知的・発達障害者に対して主権者教育を行うことを念頭にまとめられたものであり、主権者教育について「単に選挙についての手法を伝える教育ではありません。自分で考え、選び、行動に移す力を育む教育です」（知的・発達障がい者のための主権者教育の手引き製作委員会 2021: 1）と定義づけている。坂野（2022）は、そもそも主権者教育は国政参加を念頭に置いた言葉であるとしつつ、障害者らの投票支援が契機となって充実してきた狛江市の主権者教育は「独自の定義付け」を行っており、「今後の地方政府としての主権者教育の在り方をみることができよう」と指摘している。

改めてまとめると、狛江市ではまず幅広い市民参加の重要性が条例として明確に示され、そのうえで、市民が主権者となるには分かりやすい情報と体験が不可欠であると確認した。さらに、特別な配慮が必要な知的・発達障害者向けの主権者教育として、さまざまな障害程度の当事者が自分で考え、選び、行動できるようサポートしていく必要性を自治体として共有していった経緯がある。投票支援における情報提供の工夫とその活用方法まで視野に入れたこだわりの背景には、自治体としてのこうした公式のスタンスがあるということは言って差し支えないと考える。

第10章

自治体側の評価

10-0 本章の目的

二〇一三年に実現した成年被後見人の選挙権回復を契機に動き出した狛江市の知的障害者向け投票支援は、本章の調査実施時点で一〇年目を迎えた。この間、狛江市の市役所、社会福祉協議会、手をつなぐ親の会、障害福祉サービス等事業所連絡会などが連携しながら支援プログラムを充実させてきた。第4章で見た通り、なかでも市役所の幹部として、一連の取り組みのきっかけを作り、その後も陰に陽に活動を支えてきた平林浩一氏の存在は大きい。そのことは関係者が口を揃えて認めるところである。平林氏がこれまでの活動の意義をどのように振り返っているか確認するのが本章の目的である。調査時点で市役所の副市長を務める平林氏の見解を明らかにすることで、知的障害者向け投票支援に対する狛江市の自治体としての意義づけもある程度見えてくるものと考える。

10-1 調査方法

二〇二二年六月一四日、平林氏に対し、電子メールで質問を送り、同日、メール返信により回答を得た。回答内容を踏まえ、六月一七日に狛江市役所で対面で聴き取りを行った。本研究において重要な論点となった「障害者の社会参加としての投票」という位置づけや、重度知的障害者の投票の意義、選挙情報の分かりやすさの今後の展望などについて尋ねた。

10-2 調査結果

10-2-1 社会参加としての投票

知的障害者に対する投票支援については「暮らしや就労など、ほかに優先順位の高いものがあるから、投票支援は後回しでいい」という否定的な意見もあることを筆者から指摘したうえで、さまざまな支援のニーズがあるなかで、投票支援も重要だという考えはどのように説明できると考えるかを平林氏に尋ねた。それに対して、平林氏は当事者が与えられた選択肢のなかからいずれかの住まいや仕事を選ぶのではなく、自ら選択肢を作っていくのが選挙での投票であり、そのため、投票は数ある社会参加の方法のなかでも優先順位が高いはずだと訴えている。

――「障がい者の社会参加」ということが良く言われますが、生活や就労の制度はあくまでも受動的なもので、本当の意味での「社会参加」であれば、当事者が能動的なものでなければなりません。そのためには参政権を行使して、自分たちの制度を自分たちの考えで作っていく必要があります。そういう意味で「障がい者の社会参加」の第一歩は選挙参加であり、投票支援はその根幹をなしていると考えています。

Q：「生活や就労の制度が受動的なもの」というのはどういう意味合いでおっしゃっているのですか。

――（今ある選択肢は）自分たちが関与していないところで決められたものですよね。今与えられた環境というのは。グループホームが必要だろうとか、本当に必要かどうかも分からない。周りが決めたことの制度のなかですべて動いているわけじゃないですか。それは本当の社会参加ではないわけで、自分たちが投票したい人を決めて、自分たちが共有できる環境に身を置いて初めて社会参加だと思うので、そのとっかかりとして投票行為は重要だと思っています。

10-2-2　重度知的障害者の投票

「重度知的障害者にとって投票は難しい」という見方に対して、平林氏は技術的な側面については支援によって投票は可能になり、また、選挙についての理解力を問うのであれば、それは民主主義の多様性を否定することになると問題視する。

――「（投票は）無理」という意味が、技術的に投票（投函）する行為が無理なのか、理解しないまま投票しても「意味ないじゃん」の「無理」なのかということですが、前者は代理投票制度を活用すれば可能かと考えます。例えば、寝たきりであっても、カードをお見せして、目の動きで特定するなどはできるはずです。後者については、例えば、投票用紙に判読不明にグチャと書いた、白紙のまま投票した、などが想定されますが、それをダメとするのではなく、当事者が何らの意思を示したと肯定的に考えれば、その投票は意味のあるものになるはずです。（中略）障がいのある皆さんは、学校でも通所作業所でも、いろんなことを、何度も経験し、失敗しながら、成長していっています。これだけの投票機会があるわけですので、先ほどの「社会参加の第一歩」の意味も踏まえ、積極的に参加して、失敗して学んでいっていただきたいと思います。

Q：いろんな判断を尊重すべきというお考えに立っていらっしゃるのですね。

――そうですね。民主主義というのは本当に雑多の集まりのなかなので、基本的にすべてが同じ方向に向くのは民主主義じゃないわけですから。そういうひとつの構成要件があったって、それを否定することも民主主義を否定する形になりますから。（中略）（投票する立候補者を）性別で選んでダメというなら性別（の選挙公報への記載）もダメになるだろうし、すべて無機質にしなければね。

平林氏は選挙の際に発行される公式の選挙公報にさえ、公約だけではなく、立候補者の写真のほか、略歴や趣味、家族構成、支援を受けている団体や個人名なども記載されることがあるのが実態であり、有権者が立候補者のどの要素を有力な判断材料にしたとしても問題視されるべきではないという考えを示している。そして、もし投票を行った後、自分の判断に誤りがあったと思えば、次の選挙でより納得のいく投票を行えばよいと述べている。

10-2-3　分かりやすい選挙の展望

狛江市の投票支援は「投票のバリアフリー」と「選挙情報のバリアフリー」の二本柱で進めてきたが、今後、電子投票が広がれば、「投票のバリアフリー」はかなり実現されると平林氏はみる。そのうえで、支援は「選挙情報のバリアフリー」に特化していくことになるとの見通しを示し、その際、知的障害者だけでなく、若者や高齢者などさまざまなニーズに応じた選挙情報が提供されていくことが本来のあるべき姿であると指摘する。

——（選挙情報のバリアフリーは）まだまだやれる余地はありますし、ネットなんかもやっとよちよち歩きですし。もっと幅広いネットの選挙なんかも、今回（二〇二二年の市長選で）、（知的）障害者向けのやつ（＝政見動画：筆者注）やりましたが、お年寄り向けのも作っていいんだよ、中学生向けにつくっていいんだよ、という話をしていますし、あれをもっと活用すればね。幅広い年齢にやれるし、もっと効果的な話もやれる。（中略）ターゲットを狙った広報って当たり前にならないといけないと思うんですよね。今の公選法の世界って、誰にでも訴えて、誰にでも好かれる政策をただ声高に言うのが選挙運動になっているけど、それはもうあり方が違うんだと思いますよね。逆にそちら（＝ターゲットを絞った公約情報の提供：筆者注）に移行すれば、われわれが今までやってきたことの役割は終わるのかなという気もしますしね。そこにバトンタッチするまで頑張んなきゃいけないんだろうなというのはひとつありますね。

10-3　小括

平林氏は選挙の際の投票について、有権者が自ら能動的に社会のあり方の議論に関わっていくという意味で、社会参加のなかでもとりわけ重要視していた。第5章でみたように、狛江市が取り組みの参考にした滝乃川学園では投票支援を重視しつつも、「生活の基本的なところ」の整備が大切だという認識が当時の職員から示されており、施設と自治体の違い、また時代の違いはあるものの、狛江市の取り組みにおいては投票支援をより高く位置づけている傾向がうかがえる。また、平林氏は投票先の判断においては、多様な観点が尊重されるべきであり、それが民主主義の本来の姿であると指摘している。「選挙情報のバリアフリー」に関しては、知的障害者向けの投票支援を障害者に対する福祉分野の一支援という位置づけではなく、若者や高齢者も対象としたユニバーサルな投票環境の向上を視野に入れている印象がうかがえた。

平林氏が書面及び口頭での聴き取りに対して述べた見解は自治体を公式に代表するものではない。ただ、平林氏が一〇年間に及ぶ投票支援を実質的に中軸で担い、市役所職員もさまざまな形で活動に協力してきたことを踏まえると、平林氏の考え方からは、狛江市における一連の投票支援の取り組みを市役所側から捉えた理念が浮かび上がっていると言って差し支えないと考える。

第11章 結論

11-0 本章の目的

本章では、本研究の内容をまとめたうえで、本研究がどのような学術的意義を持ち得るのか、また、どのような実践的意義があるかについて述べ、今後の課題を示す。

11-1 本研究のまとめ

本研究では知的障害者向けの投票支援を権利保障のひとつとして位置付けたうえで、国内で現在行われている先進的な知的障害者向け投票支援の取り組みが、情報保障を含めた障害者の権利保障についての従来の考え方をどのように広げることになり得るか検討することを目的とした。知的障害者にとって理解しやすく実践も容易な投票の環境整備は、一般市民にとっても今より分かりやすく参加しやすい投票という制度改善につながる可能性があり、本研究で得られた「選挙情報の分かりやすさ」の考え方をユニバーサルな投票支援につなげることも視野に入れつつ取り組んだ。

第1部は障害者の権利保障としての投票支援を考えるパートと位置付け、まず序章では権利保障（権利擁護）と投票支援、情報保障、投票能力という、本研究に関わる三点について先行研究をまとめた。障害者の権利保障に関しては、これまで虐待防止や金銭管理支援、就労支援など生活に身近な課題に目が向けられてきた傾向が強く、参政権の対応は後回しになってきた。参政権行使の支援においては、身体、視覚、聴覚の障害者が主たる対象になってきた経緯があり、知的障害者に対する支援は乏しい状態が続いてきた。情報保障についてもやはりこれまで視覚障害者や聴覚障害者向けが中心で、知的障害者のための対応は大きく遅れを取っていた。選挙情報においてもこの傾向は同様であり、知的障害者向けの投票支援は実践、研究両面において極めて不十分であったことが明らかとなった。投票能力の問題に関しては、認識に幅があるとはいえ、「有権者としてふさわしい能力」という考え方、またそれをめぐる議論が法学や政治哲学などの分野に存在していることを整理した。この議論は知的障害者の投票を考えていくうえで、克服あるいは整理していかなければならないこととして、本書で検討していくことを確認した。

第1章では、知的障害者に対する投票支援をマイノリティの権利獲得及び権利擁護の大きな歴史の流れのなかに位置付けたうえで、アフリカ系アメリカ人の公民権運動とフェミニズム運動を取り上げ、それらの運動において参政権の問題がどのように現れてきたかについて、障害者運動における参政権の扱いとの違いも意識しつつ整理した。公民権運動、フェミニズム運動に関しては、有権者の能力をめぐる問題や、社会貢献への「見返り」としての参政権付与といった「有権者としてのふさわしさ」をめぐる認識が表面化していたことが分かった。また、アフリカ系アメリカ人や女性が権利獲得を目指した歴史においては、さまざまな権利のなかでも参政権が主要な要求項目になっていたが、その一方、障害者は知的障害者を中心に選挙権が長い間、制限されてきたにもかかわらず、障害者運動で選挙権が主要争点になることはなかった。考えられる理由としては、選挙権の制限と比べ、より切実に解消すべき問題が他にあると認識されていたこと、また、さまざまな障害種別があるなかで、障害者運動の中心的な担い手に知的障害者が必ずしもなり得ていなかった可能性を指摘した。

第2章では日本の選挙制度に焦点を当てた。明治時代の最初の選挙以降、選挙権に課された納税額、年齢、性別といった条件が徐々に緩和されていったが、投票が認められない欠格条項は常に存在してきた経緯があり、知的障害の関連では二〇一三年に公職選挙法が改正され、成年被後見人に対する選挙権の制限が廃止されるまで続いていた。また、選挙権制限の背景として「ふさわしい投票能力」をめぐる認識が根深いことも改めてここで指摘した。実際の投票をめぐっては、「投票自書主義」が根付き、選挙の公平性や平等性を重んじる日本では、今も障害者にとって投票のしづらさが解消されておらず、知的障害者にとって投票先の判断材料になる分かりやすい情報が不足していることも確認した。

　第3章では諸外国における投票制度や、選挙情報を提供する際の工夫を概観した。投票制度に関しては、北欧やドイツにおいて投票する人のさまざまな事情を想定して郵便投票を柔軟に運用するなど、利便性の高い制度が整備されていることがはっきりした。

　一方、選挙情報に関しては、ドイツのハノーバー大学における知的障害者支援の実践を、参与観察などをもとにまとめた。この事例を通じ、分かりやすさを高めるうえで、政治・選挙情報にどの程度具体的に踏み込んでいくか、また、政治情報あるいは政治家にどれだけ能動的に直接アプローチしていくかということが重要な要素になるかもしれないということが見えてきた。

　続く第2部では、知的障害者向け投票支援の自治体レベルの先進地である東京都狛江市の取り組みに焦点を当てた。第1部で浮き彫りになった投票能力の問題や選挙情報の分かりやすさが持ち得る特殊性を意識しつつ、狛江市で知的障害者向け投票支援の意義がどのように考えられてきたかを詳しく追った。

　まず第4章では狛江市において、どのような経緯で投票支援が始まったのか、また、知的障害者の支援において選挙を取り扱うという難しさゆえに、どのような課題に直面し、その対応を検討していったかを主催者の聴き取りなどをもとに整理した。狛江市が知的障害者向けの投票支援に着手した動機としては、投票先の判断材料となる情報が不足していては、投票する権利を行使できないという問題意識があったことが分かった。また、選挙において分かりやすい判断材料を提供することは、知的障害者の意思決定を支援することであり、また、投票行為の促進を通じて知的障害者の社会参加を進めていく必要性の認識も取り組みの初期段階で示されていたことが明らかになった。

第5章では狛江市の投票支援につながる先行事例である知的障害児・者施設、社会福祉法人滝乃川学園（東京都国立市）の取り組みに焦点を当てながら、日本における初期の積極的な知的障害者向け投票支援がどのような経緯で着手されることになったのか、動機や背景に迫った。滝乃川学園で投票支援が本格化した一九七〇年代に入職した当時の若手職員らに対する聴き取りを通じ、「地上天国」として地域から隔絶していた学園の状態を変えていくとともに、施設利用者の基本的人権の尊重を具体化していこうという動きのなかで、投票支援をはじめとする一連の取り組みに着手していったことが分かった。滝乃川学園は生活改善や就労といった社会権に属するような権利の擁護にとどまらず、一連の取り組みのなかで間を置くことなく、参政権の支援にも手を伸ばしたところに特徴があることもうかがえた。

第6章では、とりわけ投票が困難とみなされがちな重度知的障害者に焦点を当てた。重度知的障害者施設利用者の保護者及び施設スタッフに質問紙調査などを行ったところ、スタッフの多くは、施設で行われる模擬投票や意思決定支援としての「わかりやすい選挙」の取り組みを前向きに評価した一方、利用者の保護者は模擬投票の意味、及び「本人は投票できると思いますか」の質問に対し、肯定的・否定的回答が概ね半々に割れた。否定的な見解を示した保護者はその理由として、本人には選挙や政治を理解できないという点を挙げる傾向が示された。投票には高い能力が求められると考えることで、重度知的障害者にとって投票は困難だという発想につながることがうかがえた。続く第7章では、重度知的障害者に対する投票支援の積極的意義づけの可能性を探るため、投票支援に前向きな重度知的障害者の母親二名に聴き取りを行った。二名の語りを通じて見えてきた共通の思いとしては、ひとつには、投票のための「望ましい能力」を一律に有権者に求めることへの疑問がある。言い換えれば、障害の有無にかかわらず、有権者のさまざまな判断が尊重されるべきという思いである。もうひとつは社会参加としての投票であり、包摂という観点である。投票所で本人が一票を投じることによって、重度知的障害者が一市民としての存在感を示し、周囲に変化をもたらすきっかけとなり、社会に包摂されていくという考え方であった。インクルーシブ社会を考えるうえで示唆的な視点と言える。

第8章では軽度知的障害者の投票に目を向けた。軽度知的障害のある当事者五名への聴き取り調査を通じ、彼らの政治意識や投票行動の一端を明らかにし、現在行われている投票支援について考察する手がかりを得ることを試みた。聴き取りで分かったこととしては、調査対象者の五名は地域社会については自分の視点で現状や課題を具体的に考えており、自分の利害に直接関わらないことにも関心を抱いている人もいた。そうした問題意識や思いが選挙時の投票行為に有機的につながるかどうかは、政治・政治家との接点や民主的プロセスに関わった経験の有無が分けている面があると考えられた。選挙の仕組みや立候補者の公約を知らなくても、それらを説明すれば、自分の希望や意思と投票行為がつながり得ることも、聴き取りにおけるやりとりから見えてきた。このことから、選挙公報よりも理解しやすい「わかりやすい選挙広報誌」の作成や模擬投票の実施といった狛江市の投票支援には一定の意味があることがうかがえた。

第9章では「選挙情報の分かりやすさ」とは何かについて検討した。市議選時に作成された「わかりやすい選挙広報誌」の分析などを通じ、知的障害者にとっての選挙情報の分かりやすさが狛江市の取り組みにおいてどのように追求され、どの程度実現されてきたかを見ていった。その結果、狛江市の投票支援においては、公約情報の分かりやすさを二つの視点から見ていることが分かった。ひとつ目は、一文当たりの文字数を少なくするなど、知的障害者の情報保障における一般的な分かりやすさを満たそうとするものである。一回目と二回目の「広報誌」を比較したところ、知的障害者にとっての文章表現上の分かりやすさが向上していたことが明らかになった。狛江市が考える分かりやすさのもうひとつは、当事者が知りたいと思っている公約情報を分かりやすく提供することが重要であるということである。主催者側は当事者アンケートの結果を踏まえて立候補予定者向けの設問内容を決めており、「広報誌」の内容が当事者の「聞きたいこと」と立候補予定者の「言いたいこと」の組み合わせになっていることが確認できた。さらに、当事者が自分に合った立候補者を見つける試みである「ボートマッチ」の実施を主催者側が検討してきた経緯からは、障害者らの投票支援が契機となった狛江市独自の主権者教育の理念も反映していることがうかがえた。

第10章では狛江市役所幹部として投票支援を主導してきた平林氏の聴き取り調査結果を示した。平林氏は有権者が自ら能動的に社会のあり方をめぐる議論に関わっていくという意味で、投票行為を社会参加のなかでもとりわけ重要視しており、狛江市が参考にした滝乃川学園における投票支援と比べてもより高い位置づけが与えられているという特徴が見受けられた。平林氏は投票先の判断においては、多様な観点が尊重されることが民主主義の本来の姿であると指摘していた。また、「選挙情報のバリアフリー」に関しては、知的障害者向けの投票支援を障害者に対する福祉分野の一支援という位置づけではなく、若者や高齢者も対象としたユニバーサルな投票環境の向上を視野に入れている印象がうかがえた。

11-2 本研究の意義と今後の課題

本研究の意義について、障害者の権利保障の観点からまず述べる。従来、障害者の権利保障においては、虐待や金銭管理、暮らす場所の選択、就労といった日常生活に直結した課題への対応が優先されてきたが、狛江市においてはこれらに決して劣ることのない、社会参加の主要な要素として投票を位置付け、支援してきたことが分かった。行政も含む自治体の取り組みの経緯を関係者の聴き取りなどを通じて再構成することで、知的障害者の権利保障にそのような新たな解釈が加えられてきたことがみえてきた。

狛江市の活動の最初期において、投票支援の主催者側には知的障害者の投票には「権利だからどうぞ行使してください」だけでは済まないハードルがあるという認識があり、その具体的な心理的ハードルのひとつとして、選挙の歴史につきまとってきた「有権者としてふさわしい能力」というものが存在することも本研究の調査を通じて明らかになった。このハードルを越えようとするときに、狛江市ではさまざまな人が個々の能力にかかわらず、能動的に社会参加する象徴的な場として投票を捉えようという見方があることも関係者の聴き取りからうかがうことができ、これはインクルーシブ社会に近づくひとつの道筋を示しているとも言える。

明るい選挙推進協会が二〇二一年に実施した意識調査によると、一八～二九歳の二六%が「自分のように政治のことがわからない者は投票しない方がよい」に「そう思う」、「どちらかといえばそう思う」と答えており、知識や能力をめぐる引け目や気後れは知的障害者に限った話ではない。選挙で「取り残されている人」は健常者のなかにもおり、知的障害者にとっての分かりやすい選挙を考えることはユニバーサルな投票支援につながり得ることを示している。これは市役所幹部がまさに語っていることでもある。

参政権行使の支援では身体、視覚、聴覚障害者向けが中心になってきたことは本研究でも確認したが、投票支援をさまざまな障害種別を含む幅広い障害者支援の枠組みで考えると、既存の情報の音声読み上げや字幕付与といった技術的な話に向かいがちになり、特殊性の高い知的障害者の情報ニーズが見えづらくなる。知的障害者にとっての「選挙情報のバリアフリー」を実現しようとするときには、狛江市役所幹部が言及したように、若者や高齢者にとっての情報の難しさも意識しながら、障害者支援の枠からいったん離れて選挙情報の分かりやすさを考えていくのが有益であることも本研究を通じて見えてきた。これは、知的障害者向けのテキストが一般の学校教育の現場など知的障害者以外の幅広い潜在的ニーズを掘り起こすことになったというドイツ連邦政治教育センターの事例も示唆している。

また、本研究では投票先の判断材料という特殊な情報の分かりやすさについても、狛江市の実践の検討から一定の考え方を示すことができた。狛江市では、文章表現や話し方の分かりやすさを追求することにとどまらず、数多い公約情報のなかからどの情報を提供するかという判断が重視されていた。障害の程度などに応じて人それぞれの判断があって良いという基本的な認識のもと、文字情報であれ肉声であれ情報量は絞りつつ、紙媒体の広報誌であれば、立候補者の公約から顔の表情、人柄まで、できるだけ利用しやすい選択肢を提供しようとしていることを確認した。立候補者が言いたいことだけでなく、アンケートなどで集約した当事者の関心に応えられる情報も当事者のもとに届けようという試みがなされていたことも確認した。また、広報誌なら立候補者本人に記載してもらい、演説会や動画では本人の出演と肉声とし、主催者側で内容に手を加えないことに気を遣ったことも特徴として挙げることができた。知的障害者向けの従来の分かりやすい情報提供においては、一定の専門性を有する人たちが情報を分かりやすくするプロセスに深く関与する傾向が強かったが、狛江市の「わかりやすい選挙」においては、主催者側の関与は設問や演説時間の設定、また、情報を分かりやすくするためのポイントの提供などにとどめ、中立性を重んじてきたところに選挙情報ならではの特徴が表れていると言える。つまり、最終的に情報が分かりやすくなるかどうかは立候補者自身の工夫に委ねられているということである。

選挙の時期になれば、インターネット上にもマスメディアにも政党や立候補者の公約などの情報が山のようにあふれており、分かりやすい選挙を実現しようとすれば、そうした情報をどう厳選して整理し、さまざまなニーズのある有権者に提示するか、選挙情報の取り扱いにおいては特別な判断が必要になってくる。選挙情報のユニバーサルな分かりやすさを考えていくうえでも、本研究で整理した狛江市の取り組みの視点は示唆的であると言える。

本研究においては、狛江市の「わかりやすい選挙」の関係者が選挙の分かりやすさや投票のしやすさをどのように考え、実践してきたかというプロセスを丹念に記録することも重視してきた。知的障害者向け投票支援の先進地である狛江市の取り組みはこれまで関係者やマスメディア報道によって、そのときどきの動きを伝えられることがあったが、当事者や保護者の受け止めなどを含めてひとつにまとまった資料はなかった。本研究が記録としての意義も一定程度有していると信じたい。

次に、今後の課題について述べる。狛江市の実践自体及び本研究は知的障害者の投票にも、また、それを支援することにも意味があるという視点に立つものであった。そのため、民主主義や選挙、投票、また市民の意味を広めに捉え、「選挙は分かりやすくできるし、投票は誰にでもできる（状態であるべきである）」という方向で議論が展開していたことは事実である。世の中には選挙を高尚なものにしようとする人々もいるが、選挙が行われる我々の社会は障害や能力の有無、受けてきた教育水準の違いを含めさまざまな人で構成され、みんな揃って高尚であることは決してなく、多様な形の投票参加があってよいという考え方に基づいていた。

ただ、「それではいけないのだ」と考える人々はやはり確実におり、本研究でも政治哲学や法学の議論として一部取り上げた通りである。本研究ではそうした立場の見解に真正面から応えることはしなかった。「選挙とはそもそも何なのか」、「政治を理解して投票するとはどういうことなのか」、「投票参加による社会的包摂を積極的に容認すれば、深い考えのない投票を助長することになるのではないか」、「『わかりやすい選挙』がポピュリズムにつながるリスクをどう考えるのか」などの指摘は想定される。今後、知的障害者向けの「わかりやすい選挙」の実践が政治哲学などの視点からどのように見えるかを考え、投票支援の現場から民主主義のあり方を根本的に問い直す研究をしていく必要があると考えている。

また、本書では知的障害者の投票に焦点を当てたが、今後は投票に限らず、知的障害者による広い意味での政治参加の事例を調べていきたい。精神障害者の関連では、自治体の審議会に参加した当事者の聴き取りをもとに、当事者参加が審議会の議論や政策立案に及ぼす作用を検討した松本（2019）などの研究がある。知的障害者に関しても、さまざまな政治参加が地域社会にもたらす影響や価値を整理し、そうした文脈のなかで知的障害者に対する投票支援の位置づけや意義、あり方を検討する視点も必要と考える。そうすることで、投票だけでなく、より多様な観点から「インクルージョンは社会の多数派にとっても意味がある」という考え方に説得力を持たせていくことを試みたい。

ところで、狛江市という自治体に関しては、本書では先進的な投票支援を実現させた主要な担い手に焦点を当てることになったが、今後はこのような取り組みを生み出すことにつながった独自の土壌が狛江市にあったのではないかという仮説のもとで、構造的な視点でも背景の調査を行いたい。

最後に、狛江市の投票支援は成年被後見人の選挙権回復を契機とした「知的障害者の投票」の問題であったが、地域に目を凝らせば、選挙権を持たない在日外国人の社会参加とそのための権利保障、情報保障というテーマも見えてくる。そこには政治や行政についての話題も絡んでくる。知的障害者にとっての情報の分かりやすさとは性質が異なるとはいえ、政治・行政情報の分かりやすさとは何であり、誰にどのような情報を提供するべきかを考えるうえで避けては通れない問題として、今後取り組んでいきたい。

注

1　入所施設利用者は知的障害のある人が多いが、身体障害のみの人や精神障害のある人もいるという。

2　後述する知的障害者向け新聞「ステージ」制作の時代背景として、このように説明している。

3　スウェーデンで発行されていた、知的障害者や移民向け新聞「8 SIDOR」がモデル。「ステージ」の編集に中心的に携わった野沢（2006: 17）は「抽象的な概念や論理は苦手だが、普通の大人と同じように政治にも経済にも事件にも興味がある。知的障害があるからと言って子ども扱いはやめてほしい」と、知的障害者から何度も聞かされたと述べ、「ステージ」には政治や経済、科学の記事も大胆に載せることにしたと記している。

4　京都市内の視覚障害者福祉施設が製作したものを市が購入する形態をとっている。点字版は一九七六年から、音声版は二〇〇七年前後から出している。

5　成年後見制度が始まる前にあった禁治産制度下において、「心神喪失の常況」を理由にさまざまな法律行為が制限され、選挙権も失った。

6　「投票能力」をめぐっては、「どの候補者を選ぶかは選挙人の自由に委ねられており、その判断にあたって政治的判断能力を発揮しなければならないなどという条件はない」（戸波 2013: 19）などの反論もある。

7　一九世紀後半以降、南部各州が採用した日常生活における人種分離を義務付けた差別法。公立学校や公立図書館、列車の車両、食堂、ホテルなどあらゆる生活場面で白人と黒人を分けることを求めた。このような制度が「ジム・クロウ」と呼ばれるようになった。（米国大使館レファレンス資料室 2010：21）

8　障害者もできるだけ一般の市民に近い生活ができるよう訴えた理念で、スウェーデンのベンクト・ニィリエが生活のリズムや環境についての八つの原理をまとめ、世界中で知られるようになった。一九八一年の「国際障害者年」を契機に日本でも広く注目されるようになった。

9 第四条には「可能なときはいつでも、知的障害者はその家族または里親と暮らし、さまざまな社会生活に参加すべきである。知的障害者と共に暮らす家族は援助を受けるべきである。施設での処遇が必要な場合は、可能な限り通常の生活に近い環境において行われるべきである」と記されている。

10 第九条は「障害者は、その家族または里親と暮らし、全ての社会的、創造的活動またレクリエーション活動に参加する権利を持っている。いかなる障害者も、自分の住まいに関する限り、自分の状態のため必要であるか、または、自分の改善に必要である場合以外は差別的な扱いを受けない。障害者が専門施設に入ることがどうしても必要であったとしても、そこの環境や生活条件は、同年代の人の通常の生活に可能な限り近いものであるべきである」と記されている。

11 福田ほか（2011）によると、視覚障害者のための点字投票については、一九二二年に岐阜県大垣市議選で三票が認められたという報道があるが、正式な制度化は一九二五年のことである。

12 地域のデジタル化と規制改革により、二〇三〇年ごろに実現される未来社会を先行的に構築することを目指し、さまざまな実証実験を行っていく。つくば市とともに大阪市の指定も決まった。

13 総務省の資料「高齢者の投票機会の確保に関する現状」によると、一九四七年制定の地方自治法及び地方自治法施行令の定めに基づく。一九四八年には衆議院議員選挙法の一部改正が行われ、衆議院議員選挙法施行令により、「疾病・負傷・妊娠若しくは産褥にあるため歩行著しく困難なる者」に在宅投票が認められた。

14 障害者の参政権行使が問題となった代表的な事例としては、一九八〇年の衆参同日選挙の際に和歌山県で言語障害により言葉でのコミュニケーションの取りづらい女性が、ある立候補者の後援会加入申込書などを近隣に配布したことで、禁止された選挙運動用文書を配布したとして公職選挙法違反に問われた一件がある。これは障害者の選挙運動に関わる問題である。また、岐阜県中津川市議会で二〇〇三年、下咽頭がんの手術で発声機能を失った議員が代読による発言を求めたが、許可を得られず、裁判に至ったケースもある。これは障害者の議員活動をどう保障するかという課題である。障害者の議員活動をスムーズにするために各議会でこれまでにとられた対応としては、視覚障害のある議員のために議会関係資料の点字化を進めた事例があるほか、車椅子の議員のために採決の際に起立でなく挙手も認めることにしたり、建物内のバリアフリー化に着手したりしたことが報告されている（川﨑 2006; 井上英夫編著 1993; 井上英夫ほか編著 2011 など）。

15 二〇二一年の衆院選では、自由民主党が「みんなへの約束」とのタイトルで分かりやすい版を作ったが、内容もあくまで「未来の有権者」である子供向けであった。二〇二二年の参院選でも振り仮名付きのやさしい言葉で記載した子供向け政策集を出している。公明党も両選挙で振り仮名付きの「こども・子育てマニフェスト」を出している。子供も読者として想定し、比較的やさしい言葉を使い、行間を空けるなど読みやすいスタイルをとっていた。「読売新聞」二〇二二年六月二八日朝刊によれば、若者向けの情報発信は二〇二二年の参院選で野党各党もビラやインターネット上で力を入れていた。「読売新聞」二〇二二年七月二日夕刊は各党が参院選で、ＳＮＳを利用する若者向けに短い動画を作成し、公約などをアピールしていることを伝えている。一方、立憲民主党は二〇二一年の衆院選で公約の点字データ版と音声版を公式サイトに公開し、二〇二二年の参院選でも公約の音声版、「生活安全保障ＰＲ冊子」の点字データ版を用意した。

16 一九七六年にドイツの著名な政治教育学者らが政治教育の基本理念としてまとめたボイテルスバッハ・コンセンサスは、期待される見解をもって生徒を圧倒し、自らの判断の獲得を妨げることがあってはならないということや、議論のある問題は議論のあるものとして扱う必要性などを指摘している（近藤 2009: 12）。

17 例えば、「福祉新聞（電子版）」（二〇一四年一月二七日）は東京都知事選を前に行われた「わかりやすい演説会」の様子を報道している。立候補予定者の演説後、会場から「原発のことが気になります」という質問や、「話が難しいです」という注文が出たことを伝えている。また、狛江市手をつなぐ親の会の五〇周年記念誌では、親の会の森井道子会長や平林浩一狛江市福祉保健部長（当時）が一連の取り組みを振り返っており、知的障害者向けの投票支援着手の動機として「そもそも選挙人が平等に投票できることを期待して作られた公選法が、その制度において、純粋に投票したいという人たちを排除していることに『変！』と思った」（森井 2016:

46）と記している。

18　成年後見制度は認知症や知的障害、精神障害などの理由で判断能力が不十分な人を支援するため、本人らの申し立てを受け、裁判所が後見人を指定する制度。成年後見人が付いた人は選挙権を失うとした公選法の規定が削除され、被後見人は選挙権を一律付与された。約一三万六〇〇〇人の成年被後見人が選挙権を回復した。

19　公職選挙法第一六二条は以下の通り。

個人演説会においては、当該公職の候補者は、その選挙運動のための演説をすることができる。

2　個人演説会においては、当該公職の候補者以外の者も当該公職の候補者の選挙運動のための演説をすることができる。

3　候補者届出政党が開催する政党演説会においては、演説者は、当該候補者届出政党が届け出た候補者の選挙運動のための演説をすることができる。

4　衆議院名簿届出政党等が開催する政党等演説会においては、演説者は、当該衆議院名簿届出政党等の選挙運動のための演説をすることができる。

公職選挙法第一六四条の三は以下の通り。

選挙運動のためにする演説会は、この法律の規定により行う個人演説会、政党演説会及び政党等演説会を除くほか、いかなる名義をもつてするを問わず、開催することができない。

2　公職の候補者以外の者が二人以上の公職の候補者の合同演説会を開催すること、候補者届出政党以外の者が二以上の候補者届出政党の合同演説会を開催すること及び衆議院名簿届出政党等以外の者が二以上の衆議院名簿届出政党等の合同演説会を開催することは、前項に規定する禁止行為に該当するものとみなす。

20 これらの規定に基づき、狛江市選挙管理委員会としても、選挙運動期間中（公示・告示日から投票日の前日まで）は認められた政党等でも候補者でもない第三者は演説会を一切できないと説明している。

21 府中療育センターは重い心身障害を持つ児童・成人を収容する施設として一九六八年に設立されたが、一九七〇年ごろからセンターの管理・運営方法や移転計画に対して入所者が異議を唱え、施設内の環境改善などを求める座り込みが有志グループによって行われた。

22 狛江市で障害福祉サービス等を提供する事業所で構成されている。

23 東京都「愛の手帳」の知的障害の程度区分で1度（最重度）と2度（重度）。

24 施設の説明によると、母親が利用者の日常的な支援をしているケースがほとんどであり、保護者会にも母親が出席している。回答者が母親に偏ったことには、こうした背景があるとみられる。

25 一人の回答内容は「理解力」と「選択力」の双方に該当したため、重複分類した。

26 全国の一八歳以上の男女有権者一一七三人が有効回答した。回答の際は、三つまで選択可能としている。

27 違反のない選挙推進や選挙に対する有権者の関心を高めることなどを目指して活動する公益財団法人。情報誌「Voters」は法人のホームページで公開されており、これまで狛江市の取り組みについての記事も掲載されている。

28 二〇一九年に言論NPOが発表した世論調査結果によると、回答者の六割を超える人が政党や国会を信頼できないと答えている。二〇二〇年の朝日新聞の世論調査でも日本の政治について「あまり信頼していない」、「まったく信頼していない」が計五五％に上るなど、政治に対する否定的な評価が各種調査で示されている。

全国手をつなぐ育成会連合会「知的障害のある人の合理的配慮」検討協議会（2015）がまとめた「わかりやすい情報提供のガイドライン」は、「漢字にはルビを」、「文字は、一二ポイント以上のサイズを使う」、「もっとも伝達したいことやキーワードは、色分けや太字、囲みなどで強調する」ことなどを勧めている。こうした内容は情報を分かりやすく伝えるための自治体の対応などにも反映されている。

29 一般社団法人スローコミュニケーションがホームページで提供している分かりやすいニュースが一例。

30 狛江市役所当局作成の「知的障がい者の選挙権行使のための支援のあり方ハンドブック」（一〇ページで構成）が立候補予定者に提供されている。このハンドブックでは知的障害者向けに情報を分かりやすく書くコツとして、難しい漢字を使わない、漢字に振り仮名を付ける、絵や写真も用いる、抽象的表現や比喩を避け具体的に書く、文章は短くシンプルにする、一文に主語は一つ、話題も一つにする、出来事はできるだけ時系列に沿って書く、余白や行間を広くすると読みやすくなる、フォントサイズは一二〜一四ポイントにする、文字と紙の色のコントラストは十分にはっきりしたものにする、強調するときは太字にすることなどが記載されている。

31 （選挙公報の発行）

第百六十七条　衆議院（小選挙区選出）議員、参議院（選挙区選出）議員又は都道府県知事の選挙においては、都道府県の選挙管理委員会は、公職の候補者の氏名、経歴、政見等を掲載した選挙公報を、選挙（選挙の一部無効による再選挙を除く。）ごとに、一回発行しなければならない。この場合において、衆議院（小選挙区選出）議員又は参議院（選挙区選出）議員の選挙については、公職の候補者の写真を掲載しなければならない。

2 都道府県の選挙管理委員会は、衆議院（比例代表選出）議員の選挙においては衆議院名簿届出政党等の名称及び略称、政見、衆議院名簿登載者の氏名、経歴及び当選人となるべき順位等を掲載した選挙公報を、参議院（比例代表選出）議員の選挙においては参議院名簿届出政党等の名称及び略称、政見、参議院名簿登載者の氏名、経歴及び写真（第八十六条の三第一項後段の規定により優先的に当選人となるべき候補者としてその氏名及び当選人となるべき順位が参議院名簿に記載されている者である参議院名簿登載者にあつては、氏名、経歴及び当選人となるべき順位。次条第三項及び第百六十九条第六項において同じ。）等を掲載した選挙公報を、選挙（選挙の一部無効による再選挙を除く。）ごとに、一回発行しなければならない。

3　選挙公報は、選挙区ごとに（選挙区がないときは選挙の行われる区域を通じて）、発行しなければならない。

4　特別の事情がある区域においては、選挙公報は、発行しない。

5　前項の規定により選挙公報を発行しない区域は、都道府県の選挙管理委員会が定める。

（任意制選挙公報の発行）

第百七十二条の二　都道府県の議会の議員、市町村の議会の議員又は市町村長の選挙（選挙の一部無効による再選挙を除く。）においては、当該選挙に関する事務を管理する選挙管理委員会は、第百六十七条から第百七十一条までの規定に準じて、条例で定めるところにより、選挙公報を発行することができる。

32　注30を参照。

33　文章の読みやすさを高めるため、意味のまとまりのある文節と文節の間にスペースを入れること。

34　小数点第二位を四捨五入した。本章での割合の計算はすべてこの方法をとった。

35　二〇一五年の「わかりやすい選挙広報誌」で使用されていた「漢字が四つ以上連なることば」の主なものは次の通り。福祉分野、社会全体、共生社会、介護保険、要介護者、家庭生活、孤立無援、負担軽減、要介護家族、道路工事、福祉環境、財政再建、行政改革、安心安全、共生社会、選挙広報紙、全都道府県人会、設立支援、作成支援、消費拡大、都立公園化、防災機能、各種委員会運営、議員定数削減、他市町村、防災対策、観光資源、観光対策、来訪者増、小中学校、福祉相談、大衆福祉、支援事業、交流事業、施設整備、環境整備、理解促進、就労支援施設、全力投球。

36　総字数には句読点やカギカッコ、感嘆符なども含めた。文の数は句点や感嘆符による区切りを基準に数えたほか、句点がなくても改行によって別の項目とみなすことのできる場合は、それぞれ別の文と判断した。

37　平均で一文三〇・〇字以内を「三〇字以内」として扱った。

38 「わかりやすい選挙広報誌」は紙媒体で発行されたため、各立候補予定者の文字サイズを判断する際には、一二ポイント及びその前後の大きさの文字を並べて印字した別の紙を用意し、文字サイズを見比べた。各立候補予定者が用いた書体の違いなどの理由から、判断が難しいケースもあった。

39 主催者側は、知的障害者が広報誌のなかから投票しようと思う立候補者のページを抜き取って、投票所に持参することを認めてもらえるサイズにしようという発想から、よりコンパクトなA5判での製本にした。

40 最終的な立候補者二九人のうち、二三人が作成に応じた。

あとがき

本書は立命館大学大学院先端総合学術研究科から二〇二三年三月に学位授与された博士学位請求論文「知的障害者向け『わかりやすい選挙』―東京都狛江市の実践、新しい権利保障として―」がもとになっています。また、本書の多くの章はそれぞれ独立した形で発表した論文などを加筆・修正したもので構成されています。初出の論文などは以下の通りです。

第3章：堀川諭，2017,「政治・選挙、学びの場に――知的障害者も講座に参加・独ハノーバー大」『内外教育』6597: 8-9. 堀川諭，2017,「障害者らが講座で成果発表――政治テーマにプレゼン・独ハノーバー大」『内外教育』6602: 6-7.

第4章：堀川諭，2018,「知的障害者に分かりやすい選挙情報充実を目指す動き――東京都狛江市における実践の経緯」『社会言語学』18: 19-38.

第5章：堀川諭，2022,「知的障害者に対する投票支援のルーツを探る――滝乃川学園元職員らの聴き取りから」『立命館人間科学研究』44: 33-47.

第6章：堀川諭，2019,「重度知的障害者に対する投票支援における課題の検討――保護者、施設スタッフの意識調査から」『社会言語学』19: 1-14.

第7章：堀川諭，2021,「重度知的障害者に対する投票支援の積極的意義――生活史に見える保護者の思い」『社会言語学』21: 37-53.

第8章：堀川諭，2022,「知的障害者の政治及び投票意識の実像――当事者5人の聴き取り調査から」『コア・エシックス』18: 149-164.

第9章：堀川諭，2019,「知的障害者の投票支援　定着した『わかりやすい選挙広報誌』――市議選時に作成、その成果と課題　東京都狛江市」『厚生福祉』6526: 2-8.

博士学位論文を提出するまでに多くの先生方のご指導を賜りました。特に主査を務めてくださった立岩真也先生には大学院選びの段階から折に触れて温かい励ましのお言葉をかけていただき、おかげさまで途中でくじけることなく博士論文を書き上げることができました。研究一般の「学術的意義」というものをどのように考えればよいかという私の積年の疑問についても、いつも分かりやすく解説してくださり、今後研究を続けていくうえで指針を頂いたと感じています。後藤基行先生からは、調査を進め論文を書き上げる際に必要となる極めて実践的なご助言を多く頂きました。研究の目的や背景の考え方にひと工夫を加えることで、論文の学術的価値が高まることも具体的に学ばせていただきました。岸政彦先生の授業では、生活史法の魅力に触れることができ、早速、自分の論文のための調査で活用させていただきました。質的調査の可能性の広がりを体感することができました。先生方に心より感謝申し上げます。

マスメディアの仕事の傍ら三〇代半ばから学術研究に取り組み始め、立命館大学大学院先端総合学術研究科の一貫制博士課程に転入学したときにはすでに四〇代に突入していました。何事も時間のかかる性分でまわり道を重ねてきましたが、こんな人間を受け入れてくださった先端研、立岩先生の懐の深さに助けられました。ようやくある程度、研究者としての土台固めができつつあるかと感じています。これから研究を通じて社会貢献を行い、先生方のご恩にも報いることができればと思っています。記者から研究者に転じる過程では、立正大学の打浪文子先生から貴重なご助言を多く頂いたこともここに記すとともに、深甚なる感謝を申し上げます。

本研究の調査地である東京都狛江市の方々には、ふさわしいお礼の言葉が見つからないほど、お世話になりました。狛江の皆様のご理解とお力添えなしには私の研究が一歩も前に進まなかったことは間違いありません。本当にありがとうございました。狛江の実践がさらに充実し、少しでも多くの自治体に広がっていくことに微力ながら貢献していきたいと思っています。まずは本書の出版がその一助となることを願います。また、出版をご快諾くださった生活書院の髙橋淳様に心から感謝しております。

最後に、「たゆまず研究に邁進し、社会貢献しなさい」と発破をかけ続けてくれた先輩方や友人、そして、温かく見守ってくれた家族に感謝します。ありがとうございます。校正作業においては、前職時代にお世話になった山田恭聖様と奈々様のご夫妻にお力添えいただきました。

本書の出版に当たっては、立命館大学大学院の博士論文出版助成を受けました。厚くお礼申し上げます。

「あとがき」をすでに書き終えていた七月三一日、立岩先生の早すぎる訃報に接しました。入院中も病室からオンラインでご指導くださり、画面上では表情も語り口もいつもと変わらぬ穏やかなご様子でしたので、ご快癒なさることを信じて疑うことがありませんでした。それだけに衝撃と悲しみは大きく、動揺を抑えることができません。思えば、先生のご入院、また、新型コロナの長引く制約もあり、博士論文の審査が終わってから、先生に会って直接お礼をお伝えすることも叶いませんでした。収まりのつかない思いを抱えながら、私はこれから歩んでいかなければなりません。仕事帰りに先生とお互い自転車で偶然よくすれ違った京都の大宮通を通るたびに、今も涙がこみ上げます。

「悩んだり悲しんだりする暇があったら、論文を書きなさい」。先生はきっと静かにそうおっしゃいますね。研究と実践の両面で比類ない足跡を残された立岩先生の遥か彼方の背中を追い続けていきたいと思います。

二〇二三年八月

堀川　諭

2019.7.18. 東京夕刊 7 頁「参院選 2019: 政見放送　手話対応、道半ば　義務づけなし」

NHK
「みんなの選挙」，(2022 年 7 月 2 日取得， https://www3.nhk.or.jp/news/special/minnanosenkyo/index.html）．
2023.7.31.「障害者の投票率『障害が重いほど低い傾向』　全国初の調査結果」，(2023 年 8 月 18 日取得，https://www3.nhk.or.jp/news/html/20230731/k10014147611000.html）．
2023.8.10.「初めての『障害者の投票率』調査　見えた課題は　東京・狛江」，(2023 年 8 月 18 日取得，https://www3.nhk.or.jp/news/special/minnanosenkyo/column_41.html）．

日本経済新聞
2021.2.3. 大阪夕刊 19 頁「公選法違反疑い、2 人書類送検、大阪都構想住民投票巡り」

読売新聞
1990.4.11. 東京朝刊 14 頁「選挙制度 100 年の歩み　明治 22 年－平成 2 年」
2021.2.3. 大阪夕刊 11 頁「都構想住民投票　不正投票の疑い　女２人を書類送検」
2022.6.28. 東京朝刊 4 頁「若者層へ発信　各党注力　参院選　保護者世代も意識」
2022.7.2. 東京夕刊 1 頁「投票呼びかけ　『1 分内』動画　参院選　各党が力　簡潔重視　SNS で若者へ」

2002.8.22. 朝刊富山県版 29 頁「不在者投票意思確認『統一基準困難』　選管が特養施設に回答／富山」
2002.8.27. 朝刊富山県版 27 頁「独自方法で意思確認　入善町長再選挙、特養施設の不在者投票／富山」
2002.11.28. 夕刊 1 頁「『制度不備は違憲状態』　難病患者の投票権行使で東京地裁判決」
2005.7.9. 朝刊 1 頁「可児の電子投票、無効確定　再選挙、市長辞意　市議選混乱、最高裁上告棄却【名古屋】」
2018.2.28. 朝刊青森県版 27 頁「六戸町の電子投票、休止へ　導入自治体増えず『全国唯一』／青森県」
2019.7.3. 朝刊福島全県版 21 頁「障害者に『字が書けるんですか』　選管の説明足りず投票できず　福島市議選／福島県」
2020.5.3. 電子版「世論調査——質問と回答」（2022 年 6 月 30 日取得 , https://www.asahi.com/articles/ASN527DP1N4HUZPS005.html）.
2021.11.12. 大阪夕刊 11 頁「政見放送、『手話も字幕も』——聴覚障害者団体要望、各党対応は　【大阪】」
2023.3.16. 朝刊 3 頁「代理投票、広げるために　自閉症の娘の代わりに投票箱へ——有罪判決」

福祉新聞

2014.1.27. 電子版「『分かりやすく話して』　狛江で都知事選の演説会」,（2022 年 6 月 30 日取得, http://www.fukushishimbun.co.jp/topics/2691）.

共同通信

2021.12.2. 電子版「障害ある娘に代わり投票した母『まさか起訴されるとは』　関係者に広がる衝撃」,（2022 年 6 月 30 日取得 ,https://news.yahoo.co.jp/articles/d8249a824a38d61e1d3b3ce389c5ddf593d65a5d）.

毎日新聞

1991.1.20. 東京朝刊 12 頁「［選挙の話］自書投票は時代遅れに」
2003.11.11. 中部夕刊 7 頁「三重・四日市の障害者施設投票指示　入所者、候補者名を『書く練習』95 年から」
2004.1.28. 東京朝刊 25 頁「『補助金を考え与党に』　知的障害者施設入所者へ、投票の干渉が相次ぐ　初公判」
2013.7.16. 東京夕刊 9 頁「2013 参院選の現場：工夫こらす東京・国立の『滝乃川学園』　知的障害者の投票支え 40 年」
2017.10.20. 東京夕刊 11 頁「衆院選 2017:『外部立会人』活用進まず　病院・施設の不在者投票、『努力義務』止まり」
2018.11.28. 地方版／北海道 25 頁「札幌市選管：障害者も投票参加を　支援カード、統一地方選から導入／北海道」

psychosocial-disabilities）.
バーダマン･M･ジェームス（水谷八也訳）, 2007,『黒人差別とアメリカ公民権運動――名もなき人々の戦いの記録』集英社 .
和田充紀・水内豊和 , 2016,「知的障害特別支援学校における主権者教育に関する現状と課題：全国国立大学附属特別支援学校を対象とした質問紙調査から」『富山大学人間発達科学研究実践総合センター紀要　教育実践研究』11: 115-122.
――――・――――, 2018,「知的障害特別支援学校における主権者教育に関する現状と課題――全国知的障害特別支援学校を対象とした質問紙調査から」『富山大学人間発達科学部紀要』12（2）: 45-53.
早稲田大学マニフェスト研究所議会改革調査部会 , 2018,『統一選政策ビラ解禁に向けた議会イメージ・政策型選挙調査』,（2023 年 8 月 17 日取得 ,http://www.maniken.jp/pdf/180822seisaku_cihougikai_research.pdf.
矢嶋里絵 , 1993,「知的障害をもつ人々の政治参加の実態――施設調査から」井上英夫編著『障害をもつ人々と参政権』法律文化社 , 69-86.
吉原令子 , 2013,『アメリカの第二波フェミニズム――一九六〇年代から現在まで』ドメス出版 .
吉川かおり , 2016,「知的障害者を対象としたワークショップの今後の展開と留意点」『知的障害者が制度を理解するための情報提供のあり方に関する研究』社会福祉法人大阪手をつなぐ育成会 , 70-76,（2023 年 8 月 18 日取得 , https://www.mhlw.go.jp/file/06-Seisakujouhou-12200000-Shakaiengokyokushougaihokenfukushibu/houkokusyo_1.pdf）.
吉澤夏子 , 1993,『フェミニズムの困難――どういう社会が平等な社会か』勁草書房 .
湯淺墾道 , 2009,「エストニアの電子投票」『社会文化研究所紀要』九州国際大学 , 65: 39-71.
油井大三郎編 , 2012,『越境する 1960 年代――米国・日本・西欧の国際比較』彩流社 .
――――, 2017,『ベトナム戦争に抗した人々』山川出版社 .
全国市区選挙管理委員会連合会編 , 2020,「任意制選挙公営制度及び記号式投票制度に関する調｜『選挙時報』69（4）: 51-53.
全国手をつなぐ育成会連合会「知的障害のある人の合理的配慮」検討協議会 , 2015,『わかりやすい情報提供のガイドライン』,（2022 年 7 月 19 日取得 , http://zen-iku.jp/wp-content/uploads/2015/04/3_150130guideline.pdf）.

〈新聞記事等〉

朝日新聞

1995.10.20. 朝刊 2 頁「政党の都合を優先　三分の二条項撤廃・自書式合意で自民と社・さ取引」
2002.2.28. 朝刊富山県版 31 頁「投票の難しさ、浮き彫り　県選管が入善町長選の無効裁定／富山」
2002.7.11. 朝刊富山県版 31 頁「『意思の確認、形式的』 高裁が判決『入善町長選は無効』／富山」

寺本晃久 , 2010,「『知的障害』概念の変遷」『現代社会理論研究』10,(2022 年 7 月 18 日取得 , http://www.arsvi.com/2000/0011ta.htm).
――――, 2012,「当事者に振り回されながら当事者になる」『支援』2: 55-64.
東京都狛江市 , 2014,『知的障がい者の選挙権行使のための支援のあり方ハンドブック』.
――――, 2018,『狛江市総合的な主権者教育計画』,(2023 年 8 月 17 日取得 ,https://www.city.komae.tokyo.jp/index.cfm/46,92842,c,html/92842/20180328-154655.pdf).
――――, 2021,『狛江市障がい者計画』,(2022 年 6 月 28 日取得 , https://www.city.komae.tokyo.jp/index.cfm/46,116067,c,html/116067/20210522-094852.pdf).
東京都狛江市知的・発達障がい者のための主権者教育の手引き製作委員会 , 2021,『わかりやすい主権者教育の手引き』,(2023 年 8 月 17 日取得 , https://www.city.komae.tokyo.jp/index.cfm/46,92842,c,html/92842/wakariyasuitebiki.pdf
東京都社会福祉協議会 , 1975,『施設の社会化促進のために――問題別委員会研究報告 付・施設の社会化現況調査報告』.
戸波江二 , 2013,「成年被後見人の選挙権制限の違憲性」『早稲田法學』88(4):1-29.
津田英二 , 2003,「セルフ・アドボカシーの支援をめぐる基本的視点――支援者の属性と支援の内容に関する実証的研究」『神戸大学発達科学部研究紀要』10(2):399-413.
辻村みよ子 , 1989,『「権利」としての選挙権――選挙権の本質と日本の選挙問題』勁草書房 .
綱森史泰 , 2015,「精神障害を有する人の選挙権についての一考察」『北大法政ジャーナル』21-22: 1-36.
鶴田真紀 , 2006,「知的障害者のライフストーリーの構築――インタビューにおける聞く実践とカテゴリーの省察的検討」『障害学研究』2: 124-149.
打浪文子 , 2015,「知的障害者の情報機器の利用に関する社会的課題――軽度及び中度の当事者への聞き取り調査から」『淑徳大学短期大学部研究紀要』54: 105-120.
打浪(古賀)文子 , 2017,「ことば・情報のユニバーサルデザイン――知的障害児・者と言語の関係を中心に」かどやひでのり・ましこひでのり編著『行動する社会言語学――ことば/権力/差別 Ⅱ』三元社 , 67-96.
打浪文子 , 2018,『知的障害のある人たちと「ことば」――「わかりやすさ」と情報保障・合理的配慮』生活書院 .
植木淳 , 2013,「障害のある人の参政権の保障」『ノーマライゼーション 障害者の福祉』7 月号 ,(2022 年 6 月 29 日取得 , https://www.dinf.ne.jp/doc/japanese/prdl/jsrd/norma/n384/n384003.html).
梅澤真一 , 2022,「選挙を題材とした学習の意義と実際――第 49 回衆議院議員選挙を子どもが投票し政党について考える授業を通して」『Voters』明るい選挙推進協会 , 65: 20-22.
UNDP, 2021, "*Political Participation of Persons with Intellectual or Psychosocial Disabilities*,"(2022 年 7 月 20 日 取 得 , https://www.undp.org/publications/political-participation-persons-intellectual-or-

www.soumu.go.jp/main_content/000568570.pdf）.
Strauss, Anselm, and Juliet Corbin, 1998, "*Basics of Qualitative Research: Techniques and Procedures for Developing Grounded Theory*, 2nd ed." Sage Publications.（=2004, 操華子・森岡崇訳『質的研究の基礎――グラウンデッド・セオリー開発の技法と手順 第2版』医学書院.）
杉田穏子, 2007,「知的障害のある人の障害受容研究の意義と課題」『立教女学院短期大学紀要』39: 59-73.
――――, 2011,「知的障害のある人のディスアビリティ経験と自己評価――6人の知的障害のある女性の人生の語りから」『社会福祉学』52（2）: 54-66.
舘かおる, 1994,「女性の参政権とジェンダー」原ひろ子・大沢真理・丸山真人・山本泰編『ライブラリ　相関社会科学　2　ジェンダー』新世社, 122-140.
高村宏子, 2004,「アメリカ、カナダにおける女性の第一次大戦参加と参政権獲得――議会の審議過程を中心として」『東洋学園大学紀要』12: 49-58.
高山直樹, 2009,「社会福祉における権利擁護の意義」『社会福祉学』50（2）: 103-106.
竹中勲, 2009,「成年被後見人の選挙権の制約の合憲性――公職選挙法一一条一項一号の合憲性」『同志社法学』61（2）: 605-644.
滝乃川学園・津曲裕次監修・編集, 2011,『知的障害者教育・福祉の歩み――滝乃川学園百二十年史 上・下』大空社.
玉村公二彦, 2010,「差別の禁止」松井亮輔・川島聡編『概説　障害者権利条約』法律文化社, 63-77.
田中恵美子, 2011,「知的障害者の生活実態調査」『東京家政大学生活科学研究所研究報告』34: 31-32.
田中英輝・美野秀弥, 2018,「ニュースのためのやさしい日本語とその外国人日本語学習者への効果」『NHK 技研 R&D』168: 36-48.
田中耕一郎, 2010,「〈重度知的障害者〉の承認をめぐって―― Vulnerability による承認は可能か」『社会福祉学』51（2）: 30-42.
――――, 2018,「障害学は知的障害とどのように向き合えるのか――他者化への抗いのために」『障害学研究』14: 105-119.
田中邦夫, 2004,「情報保障」『社会政策研究』4: 93-118.
田中宗孝, 2005,「新しい投票方式・電子投票の可能性と課題」『選挙研究』20: 45-56.
立岩真也, 1999,「自己決定する自立――なにより、でないが、とても、大切なもの」石川准・長瀬修編著『障害学への招待――社会、文化、ディスアビリティ』明石書店, 79-108.
――――, 2018a,『不如意の身体――病障害とある社会』青土社.
――――, 2018b,『病者障害者の戦後――生政治史点描』青土社.
立岡晄・橋本佳博, 2011,「知的障害のある人と参政権」井上英夫・川﨑和代・藤本文朗・山本忠編著『障害をもつ人々の社会参加と参政権』法律文化社, 42-56.
田山輝明, 2014,「成年被後見人の選挙権をめぐる比較法的検討」『成年後見法研究』11: 150-157.

――『投票権保障』と『選挙の公正』の間」『選挙研究』35(2):54-70.
尾上浩二, 2019,「障害者運動と法制度の現在――障害当事者の立ち上がりから障害者権利条約批准まで」『立命館生存学研究』2: 41-68.
大嶽秀夫, 2017,『フェミニストたちの政治史――参政権、リブ、平等法』東京大学出版会.
小澤温, 2018,「障害者福祉制度の近年の動向と課題」『社会保障研究』2(4):442-454.
立憲民主党,『これまでの選挙政策』,(2023 年 8 月 16 日取得, https://cdp-japan.jp/visions/election_policies).
最高裁判所事務総局家庭局, 2018,『成年後見関係事件の概況 平成 29 年 1 月〜 12 月』.
参議院, 2013,『第百八十三回国会 参議院政治倫理の確立及び選挙制度に関する特別委員会会議録第五号』.
佐藤令, 2003,「在宅投票制度の沿革――身体障害者等の投票権を確保する制度」『調査と情報』国立国会図書館, 419: 1-11.
坂野喜隆, 2022,「主権者の育成計画――体験通じ『意思決定』学ぶ」『日本教育新聞』,(2022 年 6 月 29 日取得, https://www.kyoiku-press.com/post-series/series-242650/).
Scotch, Richard K,1984, "*From Good Will to Civil Rights: Transforming Federal Disability Policy*," Temple University Press. (=2000, 竹前栄治監訳『アメリカ初の障害者差別禁止法はこうして生まれた』明石書店.)
Shapiro, Joseph P, 1993, "*No Pity: People with Disability Forging a New Civil Rights Movement*," (=1999, 秋山愛子訳『哀れみはいらない――全米障害者運動の軌跡』現代書館.)
芝崎孝夫, 2009,「『障害をもつ人の参政権保障連絡会』の活動」『ノーマライゼーション　障害者の福祉』1 月号,(2022 年 6 月 29 日取得, https://www.dinf.ne.jp/doc/japanese/prdl/jsrd/norma/n330/n330008.html).
柴田洋弥, 2013,「知的障害者等の選挙権行使を支援しよう」『ノーマライゼーション　障害者の福祉』7 月号,(2023 年 8 月 11 日取得 ,https://www.dinf.ne.jp/doc/japanese/prdl/jsrd/norma/n384/n384005.html).
――――・尾添和子, 1992,『知的障害をもつ人の自己決定を支える――スウェーデン・ノーマリゼーションのあゆみ』大揚社, 星雲社(発売).
志賀文哉, 2013,「支援と当事者性」『とやま発達福祉学年報』4: 11-16.
清水貞夫, 1987,「ノーマリゼーション概念の展開――ウォルフェンスベルガーの論考を中心として」『宮城教育大学紀要第 2 分冊自然科学・教育科学』22: 135-151.
杣正夫, 1986,『日本選挙制度史――普通選挙法から公職選挙法まで』九州大学出版会.
総務省,『高齢者の投票機会の確保に関する現状』,(2022 年 7 月 19 日取得, https://www.soumu.go.jp/main_content/000454915.pdf).
――――, 2018,『投票環境の向上方策等に関する研究会報告』,(2022 年 6 月 29 日取得, https://

西村愛 , 2009,「知的障害のある本人の意向に沿った支援を再考する」『日本の地域福祉』日本地域福祉学 , 22: 60-71.
西脇啓太 , 2017,「日本における『知的障害をもつとされる人のための施設』の史的研究の系譜――『問題史研究』と『施設史研究』とに着目して」『社学研論集』30: 119-132.
西山千絵 , 2018,「障害をもつ人・寝たきり等の人の選挙権行使の現状と判例」『選挙研究』34(1):94-105.
乗京真知 , 2018,「根っこ・ネジ…その数 331 種類――シンボルで議員を選ぶ国、理由に納得」『withnews』,(2022 年 6 月 29 日取得 , https://withnews.jp/article/f0180807001qq000000000000000W08510101qq000017782A).
野沢和弘 , 2006,『わかりやすさの本質』日本放送出版協会 .
Nussbaum, Martha C, 2006, "*Frontiers of Justice: Disability, Nationality, Species Membership*," The Belknap Press of Harvard University Press.(= 2012, 神島裕子訳『正義のフロンティア――障碍者・外国人・動物という境界を越えて』法政大学出版局 .)
小熊英二 , 2009a,『1968〈上〉――若者たちの叛乱とその背景』新曜社 .
――――, 2009b,『1968〈下〉――叛乱の終焉とその遺産』新曜社 .
小栗優貴・山田凪紗・山田真珠・笹俣友杜・三浦監土 , 2018,「選挙出前授業における課題点とその改革――投票を軸とする授業デザインから社会形成力を育成する授業デザインへ」『探究』愛知教育大学社会科教育学会 , 29: 9-16.
大井ひかる・成田泉・島田明子・水内豊和 , 2016,「知的・発達障害成人の選挙をめぐる現状と課題――保護者を対象とした意識調査から」『富山大学人間発達科学研究実践総合センター紀要 教育実践研究』11: 87-91.
及川更紗・大塚裕子・打浪(古賀)文子 , 2014,「知的障がい者を対象とした文章のわかりやすさの解明――季刊誌『ステージ』を対象に」『電子情報通信学会技術研究報告』114(189):1-6.
岡田祥子 , 2016,「利用者と保護者双方へのケアの論理――知的障害者通所施設職員の語りから」『保健医療社会学論集』26(2):54–63.
岡崎幸友 , 2010,「『ノーマリゼーション』の今日的意味と役割」『吉備国際大学研究紀要(社会福祉学部)』20: 9-18.
岡澤憲芙 , 2010,「ライフスタイルの変容と制度の対応――高負担社会・スウェーデンの期日前投票制度(旧・郵便投票制度)の理念と構造」『選挙:選挙や政治に関する総合情報誌』都道府県選挙管理委員会連合会 , 63(3):1-11.
奥平康弘 , 1986,「演習・憲法」『法学教室』70: 116-117.
大倉紗江 , 2018,「障害がある有権者に対する選挙情報の保障をめぐる政策の現状と課題――政見放送への手話通訳・字幕の付与、選挙公報の点字・音訳を中心に」『情報通信学会誌』36(1):23-30.
――――, 2019,「障害等のある有権者や寝たきりの有権者はどのように投票に参加してきたのか?

上とすることに伴う引下げ」『立法と調査』294: 60–82.
水野和代 , 2013,「ノーマリゼーション原理に関する一考察――その起源と本質的把握の試み」『人間文化研究』名古屋市立大学大学院人間文化研究科 , 19: 63-77.
文部科学省 , 2016,『主権者教育の推進に関する検討チーム中間まとめ――主権者として求められる力を育むために』.
文部科学省主権者教育推進会議 , 2021,『今後の主権者教育の推進に向けて（最終報告）』,（2022 年 6 月 28 日取得 ,https://www.mext.go.jp/content/20210331-mxt_kyoiku02-000013640_1.pdf）.
森井道子 , 2016,「過去から引継ぎ、現在を生き、未来へ『つなぐ』」『狛江市手をつなぐ親の会五十年の歩み』狛江市手をつなぐ親の会 , 41-46.
麦倉泰子 , 2019,『施設とは何か――ライフストーリーから読み解く障害とケア』生活書院 .
牟田和恵 , 2006,「フェミニズムの歴史からみる社会運動の可能性――『男女共同参画』をめぐる状況を通しての一考察」『社会学評論』57（2）: 292-310.
武藤大司・川崎誠司・小林武・杉本幸重・末田統 , 2010,「知的障害者に分かり易い文章――障害者自立支援法パンフレットに見る分かり易さの工夫」『福祉のまちづくり研究所報告集』兵庫県立福祉のまちづくり研究所 , 135-141.
永守伸年 , 2012,「障害者の自己決定論 : 自律と合理性の観点から」『Contemporary and Applied Philosophy』3: 28-45.
内閣府 ,『障害を理由とする差別の解消の推進に関する基本方針』,（2022 年 6 月 29 日取得 , https://www8.cao.go.jp/shougai/suishin/sabekai/kihonhoushin/honbun.html）.
内閣府障害者施策担当 , 2023,『障害者差別解消法【合理的配慮の提供等事例集】』,（2023 年 8 月 17 日取得 ,https://www8.cao.go.jp/shougai/suishin/jirei/pdf/gouriteki_jirei.pdf）.
内閣府 , 2021,『令和 3 年版障害者白書』.
内藤和美 , 2015,「あらためて『男女共同参画社会形成』、『女性の活躍促進』を問う」（立教大学ジェンダーフォーラム 2015 年度公開講演会）『立教大学ジェンダーフォーラム年報 : Gender-Forum』17: 5-26.
中村睦男 , 2002,「人権の歴史的展開と人権の規範的構造」河野正輝・関川芳孝編『講座　障害をもつ人の人権①――権利保障のシステム』有斐閣 ,2-14.
中西正司 , 2014,『自立生活運動史――社会変革の戦略と戦術』現代書館 .
日本精神薄弱者愛護協会 , 1977,「特集 : この人たちの選挙権」『愛護――精神薄弱福祉研究』24（8）: 4-30.
新井田恵子 , 2017,「実践に学ぶ 障害のある人の選挙学習の取り組み――知的障害者と選挙『学習して一票を投じよう』」『障害者問題研究』45（3）: 218-223.
西川祐子 , 1997,「日本フェミニズム論争史②　フェミニズムと国家」江原由美子・金井淑子編『フェミニズム』新曜社 , 222-244.

近藤孝弘, 2009,「ドイツにおける若者の政治教育――民主主義社会の教育的基盤」『学術の動向』日本学術協力財団, 14(10): 10-21.
小杉亮子, 2012,「1960 年代アメリカの学生運動の形成要因――バークレー闘争を例に」『社会学年報』東北社会学会, 41: 67-77.
熊谷晋一郎, 2018,「支援付き意思決定――その法理・実践研究・当事者性について」『障害学研究』14: 67-84.
国光哲夫, 2011,「施設投票の現状と課題――高齢者を例に」井上英夫・川﨑和代・藤本文朗・山本忠編著『障害をもつ人々の社会参加と参政権』法律文化社, 67-77.
国立市史編さん委員会編, 1990,『国立市史　下巻』国立市.
久禮義一, 2000,「障害のある人と参政権――投票権と選挙運動を中心に」『関西外国語大学人権教育思想研究』3: 72-89.
倉本智明, 1999,「異形のパラドックス――青い芝・ドッグレッグス・劇団態変」石川准・長瀬修編著『障害学への招待――社会、文化、ディスアビリティ』明石書店, 219-256.
栗林睦美・松原健・松原香織・和田充紀・水内豊和, 2016,「知的障害特別支援学校高等部における主権者教育についての一試案――『そうだ、選挙に行こう!』の実践から」『富山大学人間発達科学研究実践総合センター紀要　教育実践研究』11: 107-114.
栗原涼子, 2010,「女性参政権運動」有賀夏紀・小檜山ルイ編『アメリカ・ジェンダー史研究入門』青木書店, 169-187.
――――, 2018,「アメリカのフェミニズム運動史――女性参政権から平等憲法修正条項へ」彩流社.
京都市情報館,『選挙制度の歴史』,(2022 年 6 月 29 日取得, https://www.city.kyoto.lg.jp/senkyo/page/0000072901.html).
Landeszentrale für politische Bildung Baden-Württemberg, 2021, "*Leitfaden zur Bundestagswahl 2021 für Assistenzkräfte*",(2022 年 6 月 28 日取得, https://www.lpb-bw.de/publikation3558).
正井佐知, 2019,「障害者入所施設における投票支援――国政選挙を通じて」『社会福祉学』60(2): 25-36.
松田憲忠, 2015,「選挙制度と市民の能力――今日の選挙制度改革論議は如何なる市民の能力を前提としているのか」『季刊行政管理研究』150: 17-26.
松井亮輔・川島聡編, 2010,『概説　障害者権利条約』法律文化社.
松本真由美, 2019,「地方精神保健福祉審議会への精神障害当事者委員の参画に関する検討――当事者委員への聞き取り調査から」『日本医療大学紀要』5: 15-28.
松野友香・坂本裕・松原勝己, 2019,「知的障害のある高等特別支援学校生徒の選挙への保護者の意識に関する調査研究」『岐阜大学教育学部特別支援教育センター年報』26: 47-50.
宮川隆義, 1995,「国民を愚弄した自書式投票復活」『朝日新聞』10 月 31 日朝刊, 4.
宮下茂, 2009,「選挙権年齢及び民法の成年年齢等の引下げ問題――国民投票の投票権年齢を 18 歳以

自治省選挙部編, 1990,『選挙法百年史』第一法規.
自由民主党, 2021,『自民党の公約――みんなへの約束』(2023年8月16日取得,https://storage.jimin.jp/pdf/pamphlet/jimin_kids_panfu_2110.pdf).
神部雅子, 2019,「知的障害者の権利意識の醸成過程――『本人の会』参加者のインタビュー調査から」『社会福祉学』59 (4) : 1-15.
加野彩子, 1997,「日本フェミニズム論争史① 母性とセクシュアリティ」江原由美子・金井淑子編『フェミニズム』新曜社, 196-221.
菅野敦監修, 2017,「特別支援学校(知的障害)における主権者教育の基本」『特別支援学校における主権者教育――知的障害(軽度)指導用』国政情報センター, 14-15.
笠原千絵, 2018,「地域自立支援協議会における障害者の参加の条件と機会――6地域における自治体担当者と関係者へのインタビュー調査の分析」『教育総合研究叢書』関西国際大学教育総合研究所, 11: 119-133.
葛西まゆこ, 2013,「選挙権と能力――成年被後見人の選挙権訴訟を手がかりに[東京地裁平成25.3.14判決]」『大東法学』23 (1) : 3-23.
河尾豊司, 1993,「『精神薄弱者』と選挙権」井上英夫編著『障害をもつ人々と参政権』法律文化社, 165-188.
川﨑和代, 2006,『障害をもつ人の参政権保障をもとめて』かもがわ出版.
――――, 2010,「政治的・公的活動」松井亮輔・川島聡編『概説 障害者権利条約』法律文化社, 256-270.
――――, 2011,「裁判を通じた参政権保障の闘い」井上英夫・川﨑和代・藤本文朗・山本忠編著『障害をもつ人々の社会参加と参政権』法律文化社, 141-160.
木口恵美子, 2014,『知的障害者の自己決定支援――支援を受けた意思決定の法制度と実践』筒井書房.
菊地夏野, 2019,『日本のポストフェミニズム――「女子力」とネオリベラリズム』大月書店.
岸政彦, 2016,「生活史」岸政彦・石岡丈昇・丸山里美『質的社会調査の方法――他者の合理性の理解社会学』有斐閣, 155-240.
――――, 2018,『マンゴーと手榴弾――生活史の理論』勁草書房.
清原舞, 2020,『スウェーデンにおける障害者の生活保障――政策・運動・実践』生活書院.
古賀文子, 2006,「『ことばのユニバーサルデザイン』序説――知的障害児・者をとりまく言語的諸問題の様相から」『社会言語学』6: 1-17.
狛江市手をつなぐ親の会, 2016,『狛江市手をつなぐ親の会 50周年記念誌 五十年の歩み』.
公明党, 2021,『こども・子育て マニフェスト』, (2023年8月16日取得,https://www.komei.or.jp/special/shuin49/kodomo-manifest/).
――――, 2022,『こども・子育て マニフェスト』, (2023年8月16日取得,https://www.komei.or.jp/special/sanin2022/kodomo-manifest/).

――――・九鬼統一郎, 2016,「東京・狛江市の取り組み――障害のある人が投票できるように」『手をつなぐ』全国手をつなぐ育成会連合会, 6: 16-18.
廣野俊輔, 2019,「障害者運動」山村りつ編著『入門 障害者政策』ミネルヴァ書房, 179-205.
弘前大学人文学部社会言語学研究室, 2013,『増補版「やさしい日本語」作成のためのガイドライン』,（2022年6月29日取得, http://human.cc.hirosaki-u.ac.jp/kokugo/ejgaidorain.html）.
本田創造, 1964,『アメリカ黒人の歴史』岩波書店.
――――, 1991,『アメリカ黒人の歴史 新版』岩波書店.
ホーン川嶋瑤子, 2000,「フェミニズム理論の現在――アメリカでの展開を中心に」『ジェンダー研究』お茶の水女子大学ジェンダー研究センター年報, 3: 43-66.
堀正嗣, 2018,「合理的配慮をとらえなおす――能力主義批判の視点から」『障害学研究』13: 110-124.
堀智久, 2014,『障害学のアイデンティティ――日本における障害者運動の歴史から』生活書院.
細谷実, 1997,「リベラル・フェミニズム」江原由美子・金井淑子編『フェミニズム』新曜社, 37-60.
保積功一, 2007,「知的障害者の本人活動の歴史的発展と機能について」『吉備国際大学社会福祉学部研究紀要』12: 11-22.
伊田久美子, 1997,「ラディカル・フェミニズム」江原由美子・金井淑子編『フェミニズム』新曜社, 15-36.
市川房枝 ,1979,『婦人と政治』日本記者クラブ夕食会の講演記録,（2022年6月29日取得, https://s3-us-west-2.amazonaws.com/jnpc-prd-public-oregon/files/opdf/121.pdf）.
井田正道, 2003,「18歳選挙権に関する考察」『政經論叢』71（5,6）: 141-165.
井上亜紀, 2014,「判例研究 成年被後見人の選挙権確認判決――東京地裁平成25年3月14日判決」『成年後見法研究』11: 120-129.
井上英夫編著, 1993,『障害をもつ人々と参政権』法律文化社.
――――編著, 1993,「障害をもつ人々の選挙権保障のあゆみ」「欠格条項の沿革」（衆議院議員）『障害をもつ人々と参政権』法律文化社, 資料 2-5.
――――, 1999,「障害をもつ人と参政権」『ノーマライゼーション　障害者の福祉』11月号,（2022年6月29日取得, https://www.dinf.ne.jp/doc/japanese/prdl/jsrd/norma/n220/n220_01-01.html）.
――――, 2002,「障害をもつ人々と政治参加――『完全参加と平等』実現のために」河野正輝・関川芳孝編『講座　障害をもつ人の人権①――権利保障のシステム』有斐閣, 14-27.
――――・川﨑和代・藤本文朗・山本忠編著, 2011,『障害をもつ人々の社会参加と参政権』法律文化社.
International Foundation for Electoral Systems（IFES）, "*election access*",（2022年7月4日取得, http://www.electionaccess.org/en/about/us/）.
石川准・長瀬修編著, 1999,「障害学への招待――社会、文化、ディスアビリティ」明石書店.
岩本真紀子, 2003,「もっとわかりやすい情報を！――みんながわかる新聞『ステージ』制作にかかわって」『図書館雑誌』97（4）: 218-220.

る読者へ』読書工房 .

Friedan, Betty, 1966, "*The National Organization for Women's 1966 Statement of Purpose,*"（2022 年 6 月 29 日取得 , https://now.org/about/history/statement-of-purpose/）.

藤本文朗 , 2011,「外国に学ぶ "障害をもつ人の参政権"」井上英夫・川﨑和代・藤本文朗・山本忠編著『障害をもつ人々の社会参加と参政権』法律文化社 ,179-189.

藤永康政 , 2012,「『公民権物語』の限界と長い公民権運動論――ウィリアムス、キング、デトロイト・グラスルーツの急進主義に関する一考察」油井大三郎編『越境する 1960 年代――米国・日本・西欧の国際比較』彩流社 , 123-142.

福田直彦・藤本文朗・渋谷光美 , 2011,「視覚障害をもつ人と参政権」井上英夫・川﨑和代・藤本文朗・山本忠編著『障害をもつ人々の社会参加と参政権』法律文化社 , 3-12.

古井克憲 , 2015,「知的障害のある人を対象としたインタビュー調査実施に当たっての留意点」『和歌山大学教育学部紀要　教育科学』65: 141-150.

古川崇 , 2011,「情報通信技術発展の成果をどう活かすか」井上英夫・川﨑和代・藤本文朗・山本忠編著『障害をもつ人々の社会参加と参政権』法律文化社 , 81-93.

言論 NPO, 2019,『日本の政治・民主主義に関する世論調査』,（2023 年 8 月 16 日取得 , https://www.genron-npo.net/politics/archives/7292.html）.

Gilmartin, Ann and Eamonn, Slevin, 2010, "*Being a member of a self-advocacy group: experiences of intellectually disabled people,*" British Journal of Learning Disabilities, 38 (3) : 152-159.

原田徳惠・寺川志奈子 , 2017,「知的障害のある青年の働く意欲を支える特別支援学校高等部教育のあり方――卒業生へのインタビュー調査から」『地域学論集 鳥取大学地域学部紀要』13 (3) : 61-81.

橋本佳博・玉村公二彦 , 1997,『障害をもつ人たちの憲法学習――施設での社会科教室の試み』かもがわ出版 .

羽山慎亮 , 2017,「政府刊行物の『わかりやすい版』の言語的特徴――知的障害者が制度を理解するという観点による考察」『社会言語科学』20 (1) : 146-160.

ヘラルボニー , 2022,『やさしい投票ガイド』,（2022 年 7 月 10 日取得 ,https://drive.google.com/file/d/1-6SumyCCUQAtgT7oqWJvUoi-u8Y3AtBp/view）.

東俊裕 , 2012,「障害に基づく差別の禁止」長瀬修・東俊裕・川島聡編著『増補改訂　障害者の権利条約と日本――概要と展望』生活書院 , 37-74.

樋口恵子 , 2001,「日本の自立生活運動史」全国自立生活センター協議会編『自立生活運動と障害文化――当事者からの福祉論』全国自立生活センター協議会 , 現代書館（発売）, 12-32.

平林浩一 , 2016a,「障がいのある人の選挙投票行動の支援」『狛江市手をつなぐ親の会　五十年の歩み』狛江市手をつなぐ親の会 , 51.

――――, 2016b,「公職選挙法と知的障害者への投票支援――第 5 ブロック研修会より」『東京手をつなぐ親たち』東京都知的障害者育成会 , 529: 6-7.

文献

あべやすし, 2021,「日本の選挙制度における投票自書主義の問題」『社会言語学 XXI』, 55-80.

明るい選挙推進協会, 2018,『第 48 回衆議院議員総選挙全国意識調査――調査結果の概要』,（2022 年 6 月 29 日取得 ,http://www.akaruisenkyo.or.jp/wp/wp-content/uploads/2018/07/48syuishikicyosa-1.pdf）.

――――, 2022,『若い有権者の政治・選挙に関する意識調査（第 4 回）――調査結果の概要』,（2023 年 8 月 17 日取得 ,http://www.akaruisenkyo.or.jp/wp/wp-content/uploads/2011/01/wakamono4th.pdf）.

秋元美世, 2015,「市民社会と権利擁護――基本的人権の保障と権利擁護」秋元美世・平田厚『社会福祉と権利擁護――人権のための理論と実践』有斐閣, 7-28.

秋元由紀, 2020,「訳者あとがき」バーマン・アリ『投票権をわれらに――選挙制度をめぐるアメリカの新たな闘い』白水社, 421-425.

有賀夏紀, 1988,『アメリカ・フェミニズムの社会史』勁草書房.

――――, 2002,『アメリカの 20 世紀（下）―― 1945 年～ 2000 年』中央公論新社.

浅野省三, 2011,「障害をもつ人の社会参加と運動」井上英夫・川﨑和代・藤本文朗・山本忠編著『障害をもつ人々の社会参加と参政権』法律文化社, 107-114.

有田伸弘, 2013,「『成年被後見人選挙権回復訴訟判決』についての若干の考察――東京地裁平成 25 年 3 月 14 日判決、平成 23 年（行ウ）第 63 号選挙権確認請求訴訟事件」『関西福祉大学社会福祉学部研究紀要』17 (1) : 1-7.

Berman, Ari, 2015, "*Give Us The Ballot: The Modern Struggle for Voting Rights in America*," Picador.（=2020, 秋元由紀訳『投票権をわれらに――選挙制度をめぐるアメリカの新たな闘い』白水社.）

安藤次男, 2001,「1964 年公民権法と大統領政治」『立命館国際研究』13 (3) : 437-453.

――――, 2002,「1965 年投票権法の意味――アメリカ 1960 年代論との関わりで」『立命館国際研究』15（1）: 1-16.

米国大使館レファレンス資料室, 2010,『ついに自由を我らに――米国の公民権運動』,（2022 年 7 月 19 日取得 , https://americancenterjapan.com/aboutusa/translations/3350/）.

Die Bundeswahlleiterin, "*Briefwahl*",（2023 年 8 月 15 日取得 , https://www.bundeswahlleiter.de/service/glossar/b/briefwahl.html）.

遠藤美貴, 2010,「政策立案への知的障害当事者参加・参画に関する研究――障害者計画／障害福祉計画に関する全国調査に基づいて」『立教女学院短期大学紀要』42(0) : 73-81.

藤澤和子・服部敦司編著, 2009,『LL ブックを届ける――やさしく読める本を知的障害・自閉症のあ

本書のテキストデータを提供いたします

本書をご購入いただいた方のうち、視覚障害、肢体不自由などの理由で書字へのアクセスが困難な方に本書のテキストデータを提供いたします。希望される方は、以下の方法にしたがってお申し込みください。

◎データの提供形式＝CD-R、フロッピーディスク、メールによるファイル添付（メールアドレスをお知らせください）。

◎データの提供形式・お名前・ご住所を明記した用紙、返信用封筒、下の引換券（コピー不可）および200円切手（メールによるファイル添付をご希望の場合不要）を同封のうえ弊社までお送りください。

●本書内容の複製は点訳・音訳データなど視覚障害の方のための利用に限り認めます。内容の改変や流用、転載、その他営利を目的とした利用はお断りします。

◎あて先
〒160-0008
東京都新宿区四谷三栄町6-5木原ビル303
生活書院編集部　テキストデータ係

キリトリ線

【引換券】
知的障害者と
「わかりやすい選挙」

著者紹介

堀川　諭（ほりかわ　さとし）

1977 年富山県生まれ。早稲田大学第一文学部ドイツ文学専修卒業。時事通信外信部記者、ニューヨーク特派員、ベルリン特派員等を経て、2018 年に京都産業大学に着任。仕事の傍ら、放送大学大学院文化科学研究科修士課程修了、立命館大学大学院先端総合学術研究科一貫制博士課程修了。博士（学術）。現在、京都産業大学外国語学部准教授。立命館大学生存学研究所客員研究員。専門は情報保障論、メディア研究。

主な論文に、「知的障害者に対する投票支援のルーツを探る——滝乃川学園元職員らの聴き取りから」(2022 年、『立命館人間科学研究』44: 33-47 頁)、「重度知的障害者に対する投票支援の積極的意義——生活史に見える保護者の思い」(2021 年、『社会言語学』21: 37-53 頁)、「重度知的障害者に対する投票支援における課題の検討——保護者、施設スタッフの意識調査から」(2019 年、『社会言語学』19: 1-14 頁)など。

知的障害者と「わかりやすい選挙」
——新しい権利保障としての「狛江モデル」構築の軌跡

発　行———— 2024 年 1 月 31 日　初版第 1 刷発行
著　者———— 堀川　諭
発行者———— 髙橋　淳
発行所———— 株式会社　生活書院
〒 160-0008
東京都新宿区四谷三栄町 6-5 木原ビル 303
ＴＥＬ 03-3226-1203
ＦＡＸ 03-3226-1204
振替 00170-0-649766
http://www.seikatsushoin.com
印刷・製本—— 株式会社シナノ

Printed in Japan

ISBN 978-4-86500-165-5